庄子

[战国] 庄周·著
乙力·注译

插图精译

陕西新华出版 三秦出版社

图书在版编目（CIP）数据

庄子 /（战国）庄周著 ；乙力注译. -- 西安 ：三秦出版社，2008.01（2024.1 重印）
（国学百部经典丛书）
ISBN 978-7-80546-658-3

Ⅰ. ①庄… Ⅱ. ①庄… ②乙… Ⅲ. ①道家②庄子—注释③庄子—译文 Ⅳ. ①B223.5

中国版本图书馆 CIP 数据核字（2007）第 188818 号

书　　名 庄　子
作　　者 [战国] 庄周 著　乙力 注译
责　　编 陆　军
封面设计 新华智品

出版发行 三秦出版社
社　　址 西安市雁塔区曲江新区登高路 1388 号
电　　话 （029）81205236
邮政编码 710061
印　　刷 北京一鑫印务有限责任公司
开　　本 680×1020　1/16
印　　张 9
字　　数 130 千字
版　　次 2008 年 4 月第 2 版
印　　次 2024 年 1 月第 2 次印刷
标准书号 ISBN 978-7-80546-658-3

定　　价 39.80 元
网　　址 http://www.sqcbs.cn

前　言

《庄子》，道教称为《南华经》。为战国至汉初道家庄子一派的著作总集，是道家的主要代表作，庄子及其后学著。

庄子（约公元前369—前286），哲学家、道家主要代表人物，名周，字子休，战国宋国蒙（今河南商丘东北）人，《汉书》避明帝刘庄讳称严周，楚庄王后裔，做过蒙漆园吏。家贫，曾借粟于监河侯。不愿“为有国者所羁”拒绝楚威王厚币迎聘，后“终身不仕”。著作有《庄子》。唐天宝元年（742年）被诏封南华真人，宋、元皆有加封。

《庄子》一书在汉代有52篇，到后世只剩下了33篇，计《内篇》7篇，《外篇》15篇，《杂篇》11篇。一般认为《内篇》是庄周所作，《外篇》和《杂篇》则掺杂了庄子后学的作品，《杂篇》中掺入得更多。不过从总体上来看，《外篇》和《杂篇》的基本观点与《内篇》是一致的。

《庄子》一书继承和发展了老子“道法自然”的观点，认为“道”是客观真实的存在。认为道产生一切事物（包括鬼神天地）；它弥漫于整个宇宙而无所不在，贯通于古今而无时不有，在时间上和空间上都是无限的。书中具有朴素的辩证观，要求安时处顺，逍遥自得，顺应世俗，随遇而安。《庄子》一书体现的哲学思想达到了很高的思想水平，在中国哲学史上占有重要地位，但其中怀疑一切的思想和无原则的处世态度，也对后世产生了消极作用。在社会思想方面，强调人与社会的对立，否定社会生活中的种种约束和社会文明，提出回到自然中去，认为人的本性就是人的自然性。

《庄子》一书，在中国哲学史、思想史、文学史上，都具有极大影响，其理性思维与形象思维都堪称一时之冠。寓言文学尊之为奠基人，小说家追之为鼻祖，文学理论家又称之为浪漫主义文学

大师，或与屈原并列而《庄》、《骚》合刊；或举“六大才子书”，而《庄》居其首。汉初黄、老之学，特别是刘安及门客所撰《淮南鸿烈》，可以明显溯源于《庄子》，魏晋清谈，《易》、《庄》、《老》并称“三玄”，是最受推崇的著作。由于其思想奇异，文采出众，后世资取者亦有多种层面。正如宋人叶适所说：“自周之书出，世之悦而好之者有四焉：好文者资其辞，求道者意其妙，汩俗者遣其累，好邪者济其欲。”（《水心文集》）另外其文笔汪洋恣肆，诙诡谲奇，富于想象，多采用寓言、故事形式阐发哲理，在哲学和文学上都有较高的研究价值。

编　者

2008 年 1 月

目　录

内　篇

外　篇

杂　篇

逍遥游

【原文】

北冥有鱼[1]，其名为鲲[2]。鲲之大，不知其几千里也。化而为鸟，其名为鹏[3]。鹏之背，不知其几千里也。怒而飞[4]，其翼若垂天之云[5]。是鸟也[6]，海运则将徙于南冥[7]。南冥者，天池也[8]。

【注释】

〔1〕冥(míng)：同“溟”，指海。

〔2〕鲲：(kūn)大鱼。

〔3〕鹏：传说中的神鸟。

〔4〕怒：奋飞的样子。

〔5〕垂：同“陲”，边际。垂天：天边。

〔6〕是：此。

〔7〕海运：指海啸，海动。徙：迁移。

〔8〕天池：天然形成的大池。

【译文】

北海有一条鱼，它的名字叫鲲。鲲巨大无比，不知道有几千里。鲲变成叫鹏的鸟，它的背不知有几千里。此鸟奋起而飞，翅膀就像垂在天边的云彩。当海动风起的时候，这只鸟将乘风迁往南海，那里是天然形成的大池。

【原文】

《齐谐》者[1]，志怪者也[2]。《谐》之言曰：“鹏之徙于南冥也，水击三千里[3]，抟扶摇而上者九万里[4]，去以六月息者也[5]。”野马也，尘埃也，生物之以息相吹也[6]。天之苍苍[7]，其正色邪[8]？其远而无所至极邪[9]？其视下也，亦若是则已矣[10]。

【注释】

〔1〕《齐谐（xié）》：书名。

〔2〕志怪：记载怪异的事物。

〔3〕击：击水，拍击。

〔4〕抟（tuán）：盘旋着向上空飞。扶摇：旋风。

〔5〕息：止息。

〔6〕息：气息。

〔7〕苍苍：深蓝色。

〔8〕正色：本色。邪：同“耶”。

〔9〕极：尽头。

〔10〕则已：而已。

【译文】

《齐谐》是记载怪异之事的书。《齐谐》上说：“大鹏飞往南海时，激荡起的水花达3000里，借着盘旋的旋风直上9万里高空，一直飞了6个月才止息。”野马奔腾般的游气，飞扬的尘埃，都是被生物的气息吹拂着而在空中游荡。天空蓝蓝的，这是它真正的本色吗？它的高远果真是无穷无尽吗？大鹏往下看，其景象就是这个样子罢了。

【原文】

且夫水之积也不厚，则其负大舟也无力[1]。覆杯水于坳堂之上[2]，则芥为之舟[3]；置杯焉则胶[4]，水浅而舟大也。风之积也不厚，则其负大翼也无力[5]。故九万里，则风斯在下矣，而后乃今培风[6]；背负青天而莫之夭阏者[7]，而后乃今将图南[8]。

【注释】

〔1〕负：承载。

〔2〕覆：倒。坳（ào）堂：堂中低洼处。

〔3〕芥：小草。

〔4〕胶：粘住。

〔5〕大翼：指代大鹏。

〔6〕培：凭借。

〔7〕夭阏（è）：阻挡，遏止。

〔8〕图南：打算向南飞去。

【译文】

水积得不深，就无力承载大船。在房子前的低洼地上倒一杯水，小草就可以当船；放进一个杯子就粘住不动，这是因为水浅而船大。风的强度不大，就无力负载巨大的翅膀。鹏之所以能够高飞900里，因为风在它的翅膀下面，可以凭借风力翱翔长空；背负青天而不受阻地飞翔，然后才能飞往南海。

【原文】

蜩与学鸠笑之曰〔1〕：“我决起而飞〔2〕，抢榆枋而止〔3〕，时则不至而控于地而已矣〔4〕，奚以之九万里而南为〔5〕？”适莽苍者〔6〕，三飡而反〔7〕，腹犹果然〔8〕；适百里者，宿舂粮〔9〕；适千里者，三月聚粮〔10〕。之二虫又何知〔11〕！

【注释】

〔1〕蜩(tiáo)：蝉。学鸠(jiū)：斑鸠。

〔2〕决起：迅速飞起。

〔3〕抢(qiāng)：冲，碰到。榆：榆树。枋(fāng)：檀木。

〔4〕控：投。

〔5〕奚以：哪里用。之：到。

〔6〕适：往。莽苍：野色迷茫的样子，此处指郊野。

〔7〕三飡：指一日。 飡，同餐。反：通“返”。

〔8〕果然：饱的样子。

〔9〕宿舂(chōng)粮：宿，过夜。舂粮，舂米备粮。

〔10〕三月聚粮：用3个月的时间准备食粮。

〔11〕之二虫：之，此。二虫，指蜩与学鸠。

【译文】

蝉和斑鸠讥笑大鹏说：“我一下子飞起来，碰到榆树檀树之类的小树就停落在上面，有时飞不上去就落在地上，何必非要高飞9万里而往南海去呢？”到郊野去的，只须带一天食物，当天返回肚子还饱饱的；到百里之外去的，要用一夜的时间准备食物；到千里以外的地方去，则要用三个月的时间准备食物。这两种虫鸟怎么会知道这个道理呢？

【原文】

小知不及大知〔1〕，小年不及大年〔2〕。奚以知其然也？朝菌不知晦朔〔3〕，惠蛄不知春秋〔4〕，此小年也。楚之南有冥灵者〔5〕，以五百岁为春，五百岁为秋；上古有大椿者〔6〕，以八千岁为春，八千岁为秋，此大年也。而彭祖乃今以久特闻〔7〕，众人匹之〔8〕，不亦悲乎！

【注释】

〔1〕知（zhì）：通“智”。不及：比不上。

〔2〕年：寿命。小年：短命。大年：长寿。

〔3〕朝菌：一种朝生暮死的菌类植物。晦朔：晦，月终；朔，月初。

〔4〕惠蛄（huì gū）：寒蝉，夏生秋死，生存不足一年。春秋：指一年。

〔5〕冥灵：树名。

〔6〕椿（chūn）：椿树。

〔7〕彭祖：传说中人物，相传其活了800岁。乃今：现今。

〔8〕匹：相比。

【译文】

才智小不理解才智大的，短命的不了解长寿的。为什么这样说呢？朝生暮死的虫子不可能知道一个月的时光，夏生秋死的寒蝉不可能知道一年的时光，这就是短命。楚国南面有一种冥灵树，以500年为一个春季，500年为一个秋季；远古有一种椿树，却以8000年为一个春季，8000年为一个秋季，这就是“大年”。而彭祖现在还以长寿闻名于世，众人还都想和他相比，这不是可悲吗？

【原文】

汤之问棘也是已〔1〕：穷发之北〔2〕，有冥海者，天池也。有鱼焉，其广数千里，未有知其修者〔3〕，其名为鲲。有鸟焉，其名为鹏，背若太山〔4〕，翼若垂天之云，抟扶摇羊角而上者九万里〔5〕，绝云气〔6〕，负青天，然后图南，且适南冥也。斥鴳笑之曰[7]："彼且奚适也？我腾跃而上，不过数仞而下[8]，翱翔蓬蒿之间，此亦飞之至也[9]，而彼且奚适也？"此小大之辩也[10]。

【注释】

〔1〕汤：商朝的建立者。 棘（jí）：亦名夏革、夏棘，相传为商朝大夫，商汤曾以他为师。

〔2〕穷发：极北的不毛之地。

〔3〕修：长。

〔4〕太山：即泰山。

〔5〕羊角：形容旋风的旋转像羊角一样。

〔6〕绝：超越。

〔7〕斥：小池泽。鴳（yàn）：小雀。

〔8〕仞（rèn）：一仞约为七尺。

〔9〕飞之至：飞翔的最高度。

〔10〕辩：通"辨"，区别。

汤

【译文】

商汤曾这样问过棘：在不毛之地的北方，有无边无际的大海，那就是天池。有一条鱼，它的宽度有几千里，没有人知道它有多长，它的名字叫鲲。有一只鸟，它的名字叫鹏，背像泰山，翅膀像天边的云气，乘旋风可直上9万里的云霄，超越云层，背负青天，飞往南海。小池泽中的麻雀讥笑它说："它想飞往何处？我腾飞起来，不过几丈就落下来，在蒿草丛中飞来飞去，这也就是我飞翔的极限了，而它究竟要飞到哪里去呢？"这就是小和大的区别。

【原文】

故夫知效一官[1]，行比一乡[2]，德合一君[3]，而征一国者[4]，其自视也[5]，亦若此矣。而宋荣子犹然笑之[6]。且举世誉之而不加劝[7]，举世非之而不加沮[8]，定乎内外之分[9]，辩乎荣辱之境[10]，斯已矣[11]。彼其于世未数数然也[12]。虽然，犹有未树也[13]。夫列子御风而行[14]，泠然善也[15]，旬有五日而后反。彼于致福者[16]，未数数然也，此虽免乎行，犹有所待者也[17]。若夫乘天地之正[18]，而御六气之辩[19]，以游无穷者[20]，彼且恶乎待哉[21]！故曰：至人无己[22]，神人无功[23]，圣人无名[24]。

【注释】

〔1〕知：智慧。效：胜任。

〔2〕行：品行行为。比：亲近合乎。

〔3〕德：道德。合：符合。

〔4〕而：同“能”。征：信。

〔5〕自视：自己看自己。

〔6〕宋荣子：即宋钘，战国时代著名的思想家。犹然：笑的样子。

〔7〕劝：努力。

〔8〕沮(jǔ)：沮丧。

〔9〕定：确定。内：主观。外：客观。分：界限。

〔10〕辩：别。境：界限。

〔11〕斯：此。已：止。

〔12〕数数(shuò shuò)然：急切的样子。

〔13〕树：立。

〔14〕列子：即列御寇，郑国人，相传其得风仙之道，乘风游行。御：乘。

〔15〕泠(líng)然：轻妙的样子。

〔16〕致福：得到幸福。

〔17〕待：凭借，依靠。

〔18〕天地之正：自然的本性。

〔19〕六气：指阴、阳、风、雨、晦、明。辩：变化。

〔20〕无穷：无穷无尽的天地，此处指宇宙。

〔21〕恶(wū)：何。待：依赖。

〔22〕无己：忘掉自我。

〔23〕无功：不追求有功。

〔24〕无名：不求有名。

【译文】

才智能够胜任一官之职，品行合乎近一乡人的心愿，品德可以符合一国之君，能力可以取得全国的信任，这类人的自鸣得意恰似小雀一般。宋荣子就嘲笑这种人。宋荣子能够做到全社会赞誉他却不感到得意，全社会非议他却毫不沮丧，这是因为他能够认定自我和外物的区别，能分清光荣与耻辱的界限。因此，他从来不去追求世俗的声誉。即便如此，他的道德修养还是没有达到理想的境界。列子乘风游行，轻快飘然，15 天后返回。他对得到的幸福，也没有极力追求。他虽然免于步行，但还是借助了风的力量。若顺应自然，顺应六气的变化，遨游于无边无际的宇宙，他还需依赖什么呢？所以说：至人能超越自我，神人能不求有功，圣人能不求有名。

【原文】

尧让天下于许由〔1〕，曰：“日月出矣，而爝火不息〔2〕，其于光也，不亦难乎！时雨降矣〔3〕，而犹浸灌，其于泽也〔4〕，不亦劳乎！夫子立而天下治〔5〕，而我犹尸之〔6〕，吾自视缺然〔7〕。请致天下〔8〕。”许由曰：“子治天下，天下既已治也，而我犹代子，吾将为名乎？名者，实之宾也〔9〕，吾将为宾乎？鹪鹩巢于深林〔10〕，不过一枝；偃鼠饮河，不过满腹。归休乎君，予无所用天下为！庖人虽不治庖〔11〕，尸祝不越樽俎而代之矣〔12〕。”

【注释】

〔1〕尧：传说中的古帝王，号陶唐氏。许由：传说中的隐士。
〔2〕爝(jué)火：火把。
〔3〕时雨：及时雨。
〔4〕泽：润泽作物。
〔5〕夫子：古人对男子的尊称，此处指许由。
〔6〕尸：古代替死者受祭的人称“尸”，此处意为主持。
〔7〕缺然：能力不足的样子。
〔8〕致：送给。
〔9〕宾：从属次要的东西。
〔10〕鹪鹩(jiāo liáo)：鸟名，善筑巢。
〔11〕庖人：厨师。
〔12〕尸祝：主持祭祀的人。樽(zūn)：古代酒器。俎(zǔ)：古代祭祀时盛放牛羊的礼器。

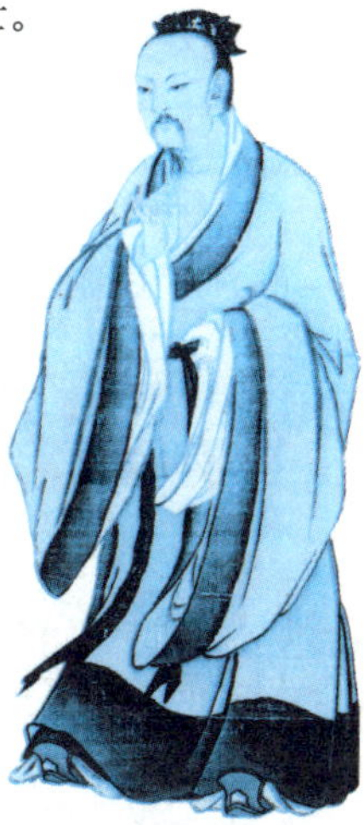
尧

【译文】

尧把天下让给许由，说：“日月都出来了，火把还不熄灭，要和日月比光亮，不是很难吗！及时雨都降了，却还在灌溉田园，不是白费力气吗！先生若为天下之主，则天下一定安定，而我却占据其位，自感能力不足，请允许我将天下让给您。”许由说：“您治理天下，天下已经大治，却还要我来取代你，我是为了名吗？名是实的从属，我是为了求得从属性的东西吗？鹪鹩在密林深处筑巢，所占不过一枝；鼹鼠饮水于河，所需不过满腹而已。请回去吧，君主，我要天下做什么用呢！厨师虽不下厨，但主持祭祀的人是不会超越自己的职责而去代替他下厨烹调的。”

【原文】

肩吾问于连叔曰[1]：“吾闻言于接舆[2]，大而无当，往而不返。吾惊怖其言犹河汉而无极也[3]，大有径庭[4]，不近人情焉。”

连叔曰：“其言谓何哉？”

“曰：‘藐姑射之山[5]，有神人居焉。肌肤若冰雪，淖约若处子[6]；不食五谷，吸风饮露；乘云气，御飞龙，而游乎四海之外。其神凝[7]，使物不疵疠而年谷熟[8]。’吾是以狂而不信也。”

连叔曰：“然，瞽者无以与乎文章之观[9]，聋者无以与乎钟鼓之声。岂惟形骸有聋盲哉？夫知亦有之。是其言也，犹时女也[10]。之人也[11]，之德也，将磅礴万物以为一[12]。世蕲乎乱[13]，孰弊弊焉以天下为事！之人也，物莫之伤[14]，大浸稽天而不溺[15]，大旱金石流、土山焦而不热。是其尘垢秕糠[16]，将犹陶铸尧舜者也，孰肯以物为事！”

【注释】

〔1〕肩吾、连叔：人名，相传均为古代贤人。
〔2〕接舆：人名，楚国隐士。
〔3〕河汉：银河。
〔4〕径：门外路。庭：堂前。两者相隔很远，互不相关。
〔5〕藐（miǎo）：遥远状。姑射（yè）山：传说中的神居之山。
〔6〕淖约：美好柔弱的样子。处子：处女。
〔7〕凝：神情专一。

〔8〕疵疠（cī lì）：灾害。
〔9〕瞽（gǔ）者：盲人。
〔10〕女：同"汝"。你。
〔11〕之人：这种人，指神人。
〔12〕磅礴：形容无所不包。
〔13〕蕲（qí）：求。乱：治。
〔14〕物莫之伤：没有什么东西能伤害他。
〔15〕大浸：大水。稽（jī）：至。溺（nì）：淹没。
〔16〕尘垢（gòu）：指身上的尘土污垢。秕糠：秕谷和谷皮，指糟粕。

【译文】

肩吾问连叔说："我听接舆的谈话，夸夸其谈，漫无边际。我甚感惊讶的是，他的话像银河一样海阔天空，不合常理，不近人情。"

连叔问："他说了些什么呢？"

肩吾说："他说：'在遥远的姑射山上，居住着一位神人。他的肌肤像冰雪一样洁白，姿容如处女一般柔美；不食人间烟火，吸风饮露；乘着云气，驾着飞龙，遨游于四海之外。他神情专一，使万物不受灾害，使五谷丰登。'我以为他的话是诳言，而不相信。"

连叔说："是呀！人们无法和瞎子一起观赏华丽的纹饰，无法和聋子共同欣赏钟鼓乐声。由此看来，人们不只是在生理上有聋盲的缺陷，在智慧上也有同样的情形啊！我所说的，指的就是你呀！神人和他的道德，是包容万物而为一体的。世人期望他来治理天下，他哪里肯辛辛苦苦地管世间的事情呢！这个神人，任何东西都无法伤害他，漫天洪水淹不着他，熔化金石，烧焦土山的大旱，他也不觉得热。他的尘垢糟粕，就可以造就出尧舜来，他哪里肯管世俗之事呢！"

【原文】

"宋人资章甫适诸越[1]，越人断发文身[2]，无所用之。尧治天下之民，平海内之政。往见四子藐姑射之山[3]，汾水之阳[4]，窅然丧其天下焉[5]。"

【注释】

〔1〕资：贩卖。章甫：古时的一种帽子。
〔2〕断发文身：不留头发，身刺花纹。

〔3〕四子：寓言中的四位神人，指王倪、 齧缺、被衣、许由。

〔4〕汾水之阳：汾水的北面。

〔5〕窅(yǎo)然：深远之状。

【译文】

“宋国人到越国去卖帽子，但越国人不留头发，身刺花纹，根本用不着帽子。尧治理天下之民，安定国内的政事，但如果他到遥远的姑射山和汾水北面去拜见四位得道的神人，那他就会感到深奥而忘掉自己是一国之君。”

【原文】

惠子谓庄子曰[1]：“魏王贻我大瓠之种[2]，我树之成而实五石[3]。以盛水浆，其坚不能自举也[4]；剖之以为瓢，则瓠落无所容[5]。非不呺然大也[6]，吾为其无用而掊之[7]。”

庄子曰：“夫子固拙于用大矣[8]。宋人有善为不龟手之药者[9]，世世以洴澼絖为事[10]。客闻之，请买其方百金[11]。聚族而谋曰：‘我世世为洴澼絖，不过数金。今一朝而鬻技百金[12]，请与之。’客得之，以说吴王[13]。越有难，吴王使之将。冬，与越人水战，大败越人，裂地而封之[14]。能不龟手一也，或以封，或不免于洴澼絖，则所用之异也。今子有五石之瓠。何不虑以为大樽而浮于江湖[15]，而忧其瓠落无所容？则夫子犹有蓬之心也夫[16]！”

【注释】

〔1〕惠子：即惠施，宋国人，曾任梁惠王相，是先秦名家学派的代表人物。

〔2〕贻(yí)：赠送。大瓠(hù)：大葫芦。种：种子。

〔3〕实五石(dàn)：可容五石。

〔4〕坚：硬度。

〔5〕瓠(hù)落：很大的样子。

〔6〕呺(xiāo)然：空虚巨大的样子。

〔7〕掊(pǒu)：击破。

〔8〕拙于：不善于。
〔9〕龟：通“皲”（jūn）。皮肤因寒冷或干燥而破裂。
〔10〕洴澼（píng bì）：漂洗。絖（kuāng）：丝絮。
〔11〕方：药方。
〔12〕鬻（yù）：卖。
〔13〕说（shuì）：说服。
〔14〕裂地而封之：分出一块土地封赐给他。
〔15〕樽：形似酒樽的葫芦腰舟。
〔16〕蓬之心：心如蓬草塞蔽，不开窍。喻指见识浅陋。

【译文】

惠子对庄子说：“魏王送给我一颗大葫芦种子，我用它种植出来的葫芦有 5 石的容量。用来盛水，它的坚硬程度不够而难于承受；将它剖开做成瓢，瓢太大没什么可装的。这种东西虽然很大，但我因为它没有用处而打碎了。”

庄子说：“你太不善于使用大东西了！宋国有一个人善于制造防手冻裂的药，他家世世代代以漂洗丝絮为业，有一个客人听说了，愿出 100 金买他的药方。他于是召集全家人来商量，说：‘我家世世代代从事漂洗丝絮，所得不过数金，现在卖出这个药方就可得到百金，卖给他吧！’客人获得这个药方，就去游说吴王。此时越国出兵侵吴，吴王就派他率兵御敌。到了冬天，和越国进行水战，大败越军，越王于是用土地来封赐他。同样是一种防手冻裂的药，有人用来建功得到了封赏，有人却只能用它漂洗丝絮，这是因为其用途不同所致。现在你有 5 石容量的大葫芦，为什么不考虑将它系于腰上以浮游江湖，而只是发愁太大无所用之呢！你真是不开窍啊！”

【原文】

惠子谓庄子曰：“吾有大树，人谓之樗[1]。其大本拥肿而不中绳墨[2]，其小枝卷曲而不中规矩。立之涂[3]，匠者不顾[4]。今子之言，大而无用，众所同去也[5]。”

庄子曰：“子独不见狸狌乎[6]？卑身而伏，以候敖者[7]。东西跳梁，不避高下，中于机辟[8]，死于罔罟[9]。今夫斄牛[10]，其大若垂天之云，此能为大矣，

而不能执鼠。今子有大树，患其无用，何不树之于无何有之乡[11]，广莫之野[12]，彷徨乎无为其侧，逍遥乎寝卧其下。不夭斤斧[13]，物无害者。无所可用，安所困苦哉！”

【注释】

〔1〕樗（chū）：臭椿树。

〔2〕大本：树之主干。瘫：通“臃”。

〔3〕涂：通“途”，道路。

〔4〕匠者：木工。顾：看。

〔5〕去：抛弃。

〔6〕狸：野猫。狌（shēng）：黄鼠狼。

〔7〕候：等待。敖：通“遨”，遨游。

〔8〕中：碰上。机辟：捕捉禽兽的工具。

〔9〕罔：通“网”。捕鸟用。罟（gǔ）：网类，捕鱼用。

〔10〕斄（lí）牛：牦牛。

〔11〕无何有：一无所有的地方。

〔12〕莫：通“漠”。广大辽阔。

〔13〕夭：折。斤：大斧。

【译文】

惠子对庄子说：“我有一棵大树，人们叫它‘樗’。它的主干粗而不正，不合绳墨；它的小枝弯弯曲曲，不合规矩。这棵树生长在路边，过往的木工看都不看一眼。你所说的话，大而无用，大家都不予理睬。”

庄子说：“你没有见过野猫和黄鼠狼吗？屈身隐伏，等待捕捉出游的小动物。东奔西跑，不避高低，结果踩中捕兽的机关，死于罗网之中。再看那斄牛，身子大得像遮盖天边的云，虽然不能捕鼠，但它的能力可做大事。现在你有一棵大树，发愁没有用场，为什么不把它种植于空荒的乡土、广漠的旷野，徘徊于树旁，逍遥自在地躺在树下。这棵树不会遭受斧子砍伐，其他东西也不能伤害它。它虽然没有什么用途，但又有什么可苦恼的呢！”

【赏析】

在俊杰辈出的中国哲学史上，庄子是独领风骚、特立独行的一个。他的逍遥思想总是让人怦然心动，浮想联翩。本章《逍遥游》是《庄子》一书的开篇之作，顾名思义，逍遥即自由，摆脱一切外物的限制，保持精神上的绝对自由，用庄子的话说即“无所待而游于无穷”，也就是无视物我之别，忘己、忘功、忘名，与自然化而为一，不受任何约束的自由自在。

文章一开始就为我们塑造了大鹏怒而飞上九万里的奇观，给人一种“海阔凭鱼跃，天高任鸟飞”无限壮阔的感受，客观上令人拓展胸次。而实际上，大鹏看似逍遥，实则“有所待”，因为它必须凭借大风才能飞升，因此也并没有达到庄子的理想境界。紧接着作者又以野马、尘埃、蜩与学鸠朝菌、晦朔等形象为例，来说明它们亦是有所待的，表达出渺小的生命在广阔无垠而又永恒的时空的比照下的可笑与狭隘。低微者渺小琐碎不堪，高尚者却又是高处不胜寒，所以庄子“上下求索”，他用自己丰富的想象，继续领悟着自由的境界。古往今来，在浮名虚誉的得失间或悲或喜，能做到如宋荣子那般淡泊名利、宠辱不惊的又有几许人？即便是超然物外的列子，也得凭脚下的清风才能轻妙。至此，庄子的理想人物才得以出世。文章即在此具体地论述了作为理想人物的“至人、神人、圣人”身上所体现出的庄子所追求的那种顺乎自然、无为无适的逍遥。

由此我们可以看出，庄子的逍遥其实只是一种境界，它虽然令人心驰神往，但在现实中却是无法达到。因为他要求的是完全的、绝对的理想与现实的统一，精神的绝对自由是其理想性，无为的生活方式是其现实性，这对逐渐丧失自我的今人来说是无法企及的。所以说，身处凡尘俗世的我们，不必去刻意追求庄子所谓的“逍遥”，只要我们时刻能够保持一颗澄清的心，勇敢而坦然地去面对生活的风风雨雨就可以了。生活的压力也许会让我们负重，让我们身体疲劳，心灵疲惫，但是我们绝对不世俗，不流俗，在钢筋水泥的城市森林中，只要也能体会到“看庭前花开花落，去留无意；望天上云卷云舒，本自无心”的淡然，就已经足够了。

齐 物 论

【原文】

南郭子綦隐机而坐[1]，仰天而嘘[2]，荅焉似丧其耦[3]。颜成子游立侍乎前[4]，曰："何居乎[5]？形固可使如槁木，而心固可使如死灰乎？今之隐机者，非昔之隐机者也！"

子綦曰："偃，不亦善乎而问之也！今者吾丧我，汝知之乎？女闻人籁而未闻地籁[6]，女闻地籁而未闻天籁夫！"

子游曰："敢问其方[7]。"

子綦曰："夫大块噫气[8]，其名为风。是唯无作，作则万窍怒呺，而独不闻之翏翏乎[9]？山林之畏佳[10]，大木百围之窍穴，似鼻，似口，似耳，似枅[11]，似圈[12]，似臼[13]，似洼者[14]，似污者[15]。激者，謞者，叱者，吸者，叫者，譹者，宎者，咬者[16]，前者唱于而随者唱喁[17]，泠风则小和[18]，飘风则大和[19]，厉风济则众窍为虚[20]。而独不见之调调之刁刁乎[21]？"

子游曰："地籁则众窍是已，人籁则比竹是已[22]，敢问天籁。"

子綦曰："夫吹万不同[23]，而使其自已也[24]。咸其自取，怒者其谁邪？"

【注释】

〔1〕南郭子綦（qí）：楚昭王庶弟，因居住在南郭，故以之为号。隐：凭靠。机：案。

〔2〕嘘（xū）：缓慢地吐气。

〔3〕荅（dà）焉：失神的样子。耦：通"偶"。

〔4〕颜成子游：子綦的弟子，姓颜，名偃。

〔5〕居(jī)：缘故。
〔6〕女：通“汝”。籁(lài)：箫。
〔7〕方：道理。
〔8〕大块：天地。
〔9〕翏翏(liù又读作liáo)：悠长的风声。
〔10〕畏佳：通嵔崔(wèi cuī)，高大参差的样子。
〔11〕枅(jī)：木制的酒瓶。
〔12〕圈：木制的杯子。
〔13〕臼(jiù)：舂米的工具。
〔14〕洼：池沼。
〔15〕污：泥坑。
〔16〕激：急流声。谪(xiào)：飞箭声。叱(chì)：发怒声。譹(háo)：号哭声。宎(yāo)：沉吟声。咬(yǎo)：哀叹声。
〔17〕前者：指风。随者：指孔穴。于(yú)、喁：相应和的声音。
〔18〕泠(líng)风：小风。
〔19〕飘风：大风。
〔20〕厉风：烈风。
〔21〕调调、刁刁：形容摇摆之状。
〔22〕比竹：即箫，多支竹管并列而成。
〔23〕吹万：风吹千万个窍穴。
〔24〕自已：自行停止。

【译文】

南郭子綦靠着几案静坐，仰头向天慢慢地吐气，神情仿佛进入了忘我的境界。站立在他旁边的颜成子游问：“为什么这样啊？形体固然可以像一根枯木，而心神也可以使它像熄灭了的灰烬吗？您今天的神态和往常可大不一样啊！”

子綦说：“偃，你问得好！今天我进入了忘我的境界，你知道吗？你听说过人吹的箫声，而没有听说过地上的自然声；即使听说过地上的自然声，也绝没有听说过天上的自然声！”

子游说：“请给我讲一讲其中的道理。”

子綦说：“天地吐出气息，它的名字叫作‘风’。它不发作则已，一发作万物的孔穴就会怒吼起来。你难道没有听到过悠长

的风声吗？那高下盘曲的山势，百围大树的窍孔，有的像鼻子，有的像嘴，有的像耳朵，有的像酒瓶，有的像杯子，有的像舂臼，有的像池沼，有的像泥坑；风吹众穴的声音，有的像急流之声，有的像飞箭之声，有的像发怒之声，有的像吸气声，有的像叫喊声，有的像哭号声，有的像沉吟声，有的像哀叹声。风和窍孔一唱一和，小风则小和，大风则大和，烈风停息则万物无声。你难道没见过风吹草木摇晃的样子吗？”

子游说：“地籁是众窍孔发出的风声，人籁则是竹箫吹出的乐声，请问天籁是什么呢？”

子綦说：“就是自然界发出的不同的声音，而使它们又自行停止。声音都是它们自己发出来的，但主使这种现象的又是谁呢？”

【原文】

大知闲闲〔1〕，小知间间〔2〕；大言炎炎，小言詹詹。其寐也魂交〔3〕，其觉也形开；与接为构，日以心斗。缦者，窖者，密者。小恐惴惴，大恐缦缦。其发若机栝〔4〕，其司是非之谓也；其留如诅盟，其守胜之谓也。其杀若秋冬，以言其日消也。其溺之所为之，不可使复之也。其厌也如缄〔5〕，以言其老洫也〔6〕。近死之心，莫使复阳也〔7〕。喜怒哀乐，虑叹变慹〔8〕，姚佚启态〔9〕；乐出虚〔10〕，蒸成菌。日夜相代乎前而莫知其所萌。已乎，已乎！旦暮得此，其所由以生乎！

【注释】

〔1〕知：通“智”。闲闲：广博而又闲逸的样子。

〔2〕间间：细加分别的样子。

〔3〕魂交：心神错乱。

〔4〕机栝（kuò）：指射箭。

〔5〕厌：闭藏。缄（jiān）：封闭。

〔6〕老洫（xù）：老朽枯竭，世故深通。

〔7〕复阳：恢复生机。

〔8〕慹（zhé）：惊恐，惊慌。

〔9〕姚：轻浮。佚：闲逸。启：放荡。态：作态。

〔10〕乐出虚：乐声发自空虚的窍孔。

【译文】

大智博而闲逸无为，小智精细而计较；大言气势凌人，小言啰啰唆唆。他们睡着的时候心烦意乱，醒来时则形体不宁；和所接触的人纠缠不清，整天钩心斗角。他们有的慢条斯理，有的言谈中暗设陷阱，有的谨小慎微。遇到小的恐惧提心吊胆，遇到大恐惧则失魂落魄。他们伺机而动，发现别人的漏洞后，出言就像飞出去的利箭一样进行攻击；无隙可乘则守口如瓶，以等待机会。这种钩心斗角，对身心的打击如同秋冬摧残生物，可以说是日益衰颓。他们沉溺在自己的所作所为之中，无法使之醒悟。他们作茧自缚，深通世故，死心踏地，无法使之恢复生气。他们变化无常，时而欣喜，时而愤怒，时而悲哀，时而欢乐，时而忧虑感叹，时而无动于衷，时而轻浮放纵。这些形形色色的表现，如同众窍从虚器中发出种种乐声，地气蒸发会长出朝菌。万物的相互变化日夜不停地出现在人们的眼前，但却不知道是如何萌生的。算了吧，算了吧！一旦悟出了其中的道理，自然就会明白各种事态的来由了！

【原文】

非彼无我，非我无所取。是亦近矣，而不知其所为使。若有真宰[1]，而特不得其眹[2]，可形已信，而不见其形，有情而无形。百骸、九窍、六藏，赅而存焉[3]，吾谁与为亲？汝皆说之乎[4]？其有私焉[5]？如是皆有为臣妾有，为臣妾乎？其臣妾不足以相治乎？其递相为君臣乎？其有真君存焉。如求得其情与不得，无益损乎其真。一受其成形，不亡以待尽，与物相刃相靡，其行尽如驰而莫之能止，不亦悲乎！终身役役而不见其成功，苶然疲役而不知其所归[6]，可不哀邪！人谓之不死，奚益！其形化，其心与之然，可不谓大哀乎？人之生也，固若是芒乎[7]？其我独芒，而人亦有不芒者乎？

【注释】

〔1〕真宰：天然的主宰者。

〔2〕眹（zhèn）：征兆，迹象。

〔3〕赅（gāi）：齐备。
〔4〕说（yuè）：通悦。
〔5〕私：偏爱。
〔6〕苶（nié）：疲倦，精神不振。
〔7〕芒：愚昧。

【译文】

没有它们就没有我，没有我它们也无法体现。我和它们是近似的，而不知是谁支使的，似乎真有天然的主宰者，可是却找不到它的踪迹。它是真实存在，但没有具体的形象。100个骨节，9个孔穴，6个内脏，我全部具备，但我究竟偏爱谁呢？你对它们都喜欢吗？还是有所偏爱？如果你对它们都一视同仁，那它们都是臣妾吗？若都是臣妾就谁也不能支配谁吗？它们依次当君臣吗？难道另有万物主宰者存在吗？其实，无论知道还是不知道真君的真实情况，对它本身是没有任何影响的。人们从它那里得到形体以来，不死就等待着形体的耗尽，和外物接触便互相伤害，驰骋追逐于其中而不能停止，真是可悲！终生忙碌而未必有什么成就，疲惫不堪还不知道究竟为了什么，真是可哀！这样的人虽然不死，又有什么意思呢！他的躯体逐渐消亡了，心灵也随之死亡，这难道不是莫大的悲哀吗？人生在世，果真是这样愚昧吗？还是只有我一人愚昧，而别人明白事理呢？

【原文】

夫随其成心而师之，谁独且无师乎？奚必知代而心自取者有之[1]？愚者与有焉！未成乎心而有是非，是今日适越而昔至也。是以无有为有。无有为有，虽有神禹且不能知[2]，吾独且奈何哉！

【注释】

〔1〕奚必：何必。代：变化。
〔2〕神禹：即大禹，夏族的首领，善治水。

【译文】

如果各人都依自己的成见作为判别是非的标准，那么谁没有标准呢？何必通晓事物发展变化的智者才有呢？愚昧的人还是有的！没有形成主见就去判别是非，就像今日去越国而昨天就到了一样不可能。这是把没有当作有。如果把没有当作有，即使神圣的大禹也无法理解，我又有什么办法呢！

【原文】

夫言非吹也[1]，言者有言，其所言者特未定也。果有言邪？其未尝有言邪？其以为异于鷇音[2]，亦有辩乎[3]？其无辩乎？道恶乎隐而有真伪？言恶乎隐而有是非？道恶乎往而不存？言恶乎存而不可？道隐于小成，言隐于荣华。故有儒墨之是非[4]，以是其所非而非其所是。欲是其所非而非其所是，则莫若以明[5]。

【注释】

〔1〕吹：风吹。
〔2〕鷇（kòu）：初生的小鸟出卵时的鸣叫声。
〔3〕辩：通“辨”，辨别。
〔4〕儒墨：指儒家和墨家。
〔5〕明：意谓用明静之心去体认事物。

禹

【译文】

言论不是风吹出来的声音，言论就是发表议论，但议论的内容却是没有定准的。果真有议论呢？还是没有议论？人们都认为自己的言论不同于初生小鸟有声无意的啼叫，但究竟是有区别呢，还是没有区别？道是如何被蒙蔽而有了真假？言论怎样掩盖而有是非？道在哪里而不存在呢？言论为何存在而又不可？道是被微不足道的认识掩盖了，言论被华而不实的辞藻掩盖了。正因为如此，才会有儒家与墨家的是非之争，他们自以为是攻击对方。要解决他们的是非之争，最好用明静的心去对待万物。

【原文】

物无非彼，物无非是。自彼则不见，自知则知之。故曰：彼出于是，是亦因彼。彼是方生之说也。虽然，方生方死，方死方生；方可方不可，方不可方可；因是因非，因非因是。是以圣人不由而照之于天，亦因是也。是亦彼也，彼亦是也，彼亦一是非，此亦一是非。果且有彼是乎哉？果且无彼是乎哉？彼是莫得其偶〔1〕，谓之道枢〔2〕。枢始得其环中，以应无穷。是亦一无穷，非亦一无穷也。故曰：莫若以明。

【注释】

〔1〕偶：对立面。

〔2〕道枢：道的关键。

【译文】

事物没有不是“彼”的，也没有不是“此”的。从他物方面来看就看不到这方面，从自己这方面来了解就知道了。所以说：彼产生于此，此依存于彼。这就是彼此相生相存的理论。虽然这样，但生的同时就出现死，死的同时就出现生；正确的同时就出现错，错的同时就出现正确；正确的就任它正确，错的就任它错，正确的错的都不计较。因此，圣人不通过是非之途，而只是客观地反映自然之道，也就是这个道理。“此”就是“彼”，“彼”也就是“此”，彼有彼的是非，此有此的是非。果真有彼此的区别吗？果真没有彼此的区别吗？消除彼此的相互对立，就是道的关键。得到了道的关键，就像抓住了环的中间，就可以应付无穷的变化。“是”的变化是无穷的，“非”的变化也是无穷的。所以说不如用明静的心境去观察事物的实况。

【原文】

以指喻指之非指，不若以非指喻指之非指也；以马喻马之非马，不若以非马喻马之非马也。天地一指也，万物一马也。

【译文】

用大拇指来说明大拇指不是手指，不如用非大拇指来说明大拇指不是手指；用白马来说明白马不是马，不如用非白马来说明白马不是马。其实，天地就是“一指”，万物就是“一马”。

【原文】

可乎可，不可乎不可。道行之而成[1]，物谓之而然。恶乎然？然于然。恶乎不然？不然于不然。物固有所然，物固有所可。无物不然。无物不可。故为是举莛与楹[2]，厉与西施[3]，恢恑憰怪[4]，道通为一。其分也，成也；其成也，毁也。凡物无成与毁，复通为一。唯达者知通为一，为是不用而寓诸庸。庸也者，用也；用也者，通也；通也者，得也；适得而几矣。因是已，已而不知其然谓之道。劳神明为一而不知其同也，谓之"朝三"。何谓"朝三"？狙公赋芧[5]，曰："朝三而暮四。"众狙皆怒。曰："然则朝四而暮三。"众狙皆悦。名实未亏而喜怒为用，亦因是也。是以圣人和之以是非而休乎天钧[6]，是之谓两行[7]。

【注释】

〔1〕道：道路。

〔2〕莛（tíng）：草茎。楹（yíng）：房屋的柱子。

〔3〕厉：丑女人。西施：春秋时越国的美女。

〔4〕恢：诙谐。恑（guǐ）：通诡，狡猾。憰（jué）：通谲，欺诈。怪：奇异。

〔5〕狙（jū）：猴子。狙公：养猴子的老翁。芧（xù）：橡子。

〔6〕天钧：天道的自然运行。

〔7〕两行：两相并行。

【译文】

对的就是对的，不对的就是不对的。道路是人走出来的，事物的名称是人叫出来的。为什么是这样？这样就是这样；为什么不是这样？不是这样就不是这样。事物都有它是的地方，事物本来也都有它对的地方。没有什么东西不对，没有什么东西不可。所以，细小的草茎和巨大的顶梁柱，丑陋的女人和美貌的西施，还有其他稀奇古怪的事物，从道的角度来看都是不分彼此的。万物的分离，就意味着生成；万物的生成，就意味着毁灭。其实无所谓

生成与毁灭，一切事物终归都是一样的。只有通达之人才明白这个道理，因而将智慧寓于平庸之中，平庸就是用，用就是通，通就是得，达到大智若愚的境界就差不多了。顺应自然而不求其所以然，就叫作道。争论不休而不知是非彼此相通的道理，就是“朝三”。什么是“朝三”呢？有一养猴的老翁给猴子喂橡子，他对猴子说：“早上给你们3升，晚上给你们4升。”这群猴子听了都发起怒来。老翁又说：“那么早上4升晚上3升如何？”猴子听了又都高兴起来。名和实都没有改变，老翁只是利用猴子的喜怒心理而顺应它们，这也就是顺势而为。所以，圣人不去评判是非之争而加以调和，而是任其自然，顺乎天道，这就是人和自然同时行进。

【原文】

古之人其知有所至矣[1]。恶乎至？有以为未始有物者，至矣，尽矣，不可以加矣。其次以为有物矣，而未始有封也[2]。其次以为有封焉，而未始有是非也。是非之彰也[3]，道之所以亏也。道之所以亏，爱之所以成。果且有成与亏乎哉？果且无成与亏乎哉？有成与亏，故昭氏之鼓琴也[4]；无成与亏，故昭氏之不鼓琴也。昭文之鼓琴也，师旷之枝策也[5]，惠子之据梧也，三子之知几乎皆其盛者也，故载之末年[6]。唯其好之也，以异于彼；其好之也，欲以明之。彼非所明而明之，故以坚白之昧终[7]。而其子又以文之纶终[8]，终身无成。若是而可谓成乎，虽我亦成也；若是而不可谓成乎，物与我无成也。是故滑疑之耀[9]，圣人之所图也。为是不用而寓诸庸，此之谓“以明”。

【注释】

〔1〕至：极限。
〔2〕封：界限。
〔3〕彰：明。
〔4〕昭氏：名文，古之善鼓琴者。
〔5〕师旷：春秋时期晋国著名乐师。
〔6〕载之末年：记载于书而传之于后世。

〔7〕坚白：先秦名家的著名论题之一。

〔8〕纶：琴弦。

〔9〕滑（gǔ）疑：迷惑，一说为含蓄。耀：炫耀。

【译文】

古人的认识达到了最高的境界。是什么样的境界呢？他们认为在宇宙初开时是不曾有物的，这种认识无与伦比。次等的人，认为有了万物，而不认为互有区别；再次一等的人，认为万物有别，而不认为存在是非。是非一旦分明，“道”就受到了损害。“道”之所以受损害，是因为有偏爱。果真有完成和亏损呢？还是没有完成和亏损呢？有成和亏，就好比昭文弹琴；没有成和亏，就好比昭文不弹琴。昭文弹琴，师旷奏乐，惠子靠在梧桐树上谈论学问，这三个人的才智几乎算得上是最高的了，因而会载之于史册而流传后世。正因为他们各有所好而与众不同，而想将各自所好示之于他人。别人不想领会而一定要人家领会，因而惠子以“坚白论”糊涂终生。昭文之子继承其父的琴技奋斗终生，因而一辈子无所成就。如果这样也可以叫作有成就，那么我们大家都可以算是有成就了。如果那样不算有成就，那么众人均无成就。所以，向世人炫耀其智慧和言论，是圣人所摈弃的。寄寓于各物的自然形态，这就叫作“以明”。

【原文】

今且有言于此，不知其与是类乎？其与是不类乎？类与不类，相与为类，则与彼无以异矣。虽然，请尝言之：有始也者，有未始有始也者，有未始有夫未始有始也者；有有也者，有无也者，有未始有无也者，有未始有夫未始有无也者。俄而有无矣，而未知有无之果孰有孰无也。今我则已有谓矣，而未知吾所谓之其果有谓乎？其果无谓乎？天下莫大于秋毫之末〔1〕，而大山为小〔2〕；莫寿于殇子〔3〕，而彭祖为夭〔4〕。天地与我并生，而万物与我为一。既已为一矣，且得有言乎？既已谓之一矣，且得无言乎？一与言为二，二与

一为三，自此以往，巧历不能得[5]，而况其凡乎[6]？故自无适有，以至于三，而况自有适有乎？无适焉，因是已！

【注释】

〔1〕秋毫：动物秋天换的新毛，这里用来比喻微小的东西。

〔2〕大（tài）山：即泰山。

〔3〕寿：长命。殇子：夭折的幼童。

〔4〕夭：短命。

〔5〕巧历：善于算数的人。

〔6〕凡：一般人。

【译文】

假设有人在此发表了一通言论，不知和上面所说的情况是类同呢，还是不类同？类同也罢，不类同也罢，反正都是一类的，那么和上面那种言论就没有什么区别了。尽管如此，我还是将它说出来：宇宙有一个开始，有一个未曾开始的"开始"，更有一个未曾开始那"未曾开始"的开始；宇宙有它的"有"，有它的"无"，还有未曾有无的"无"，还有未曾有那"未曾有无"的无。忽然间产生了"有"和"无"，但不知道这"有"和"无"究竟谁是真正的"有"，谁是真正的"无"。现在我已经把话说了，但不知道我所说的究竟是真的说了，还是没有说呢？天下没有比秋毫之末更巨大的，而泰山却是微小的；没有比夭折的幼童更长寿的，而彭祖是短命的。天地和我并存，万物和我合而为一。既然是合而为一的，那还有什么可说的呢？既然已经说了合而为一，那还能不说吗？"一"加上我所说的就成了"二"，"二"再加上"一"就成了"三"，这样扩展下去，就是最善于算数的人也无法算清的，何况一般人呢？从"无"到"有"，以至到了"三"，何况从"有"到"有"呢？别往下推算了，因其自然吧！

【原文】

夫道未始有封[1]，言未始有常[2]，为是而有畛也[3]。请言其畛：有左有右，有伦有义[4]，有分有辩，有竞有争，此之谓八德[5]。六合之外[6]，圣人存而不论；六合之内，圣人论而不议；春秋经世先王之志[7]，圣

人议而不辩。故分也者，有不分也；辩也者，有不辩也。曰：何也？圣人怀之[8]，众人辩之以相示也[9]。故曰：辩也者有不见也。夫大道不称[10]，大辩不言[11]，大仁不仁[12]，大廉不嗛[13]，大勇不忮[14]。道昭而不道，言辩而不及，仁常而不周，廉清而不信，勇忮而不成。五者圆而几向方矣。故知止其所不知，至矣。孰知不言之辩，不道之道？若有能知，此之谓天府[15]。注焉而不满[16]，酌焉而不竭[17]，而不知其所由来，此之谓葆光[18]。

【注释】

〔1〕封：界限。
〔2〕常：标准。
〔3〕畛（zhěn）：分界。
〔4〕伦：次序。义：宜。
〔5〕八德：八种具体的界限。
〔6〕六合：上下四方。
〔7〕春秋：泛指史书。
〔8〕怀之：藏是非于胸中。
〔9〕辩之：争辩是非。相示：争相显示。
〔10〕称：说明。
〔11〕大辩：高论。
〔12〕不仁：不会有所爱。
〔13〕嗛（qiān）：谦让。
〔14〕忮（zhì）：忌恨。
〔15〕天府：指圣人宽广的心胸。
〔16〕注：灌注。
〔17〕酌：取出。
〔18〕葆光：潜藏着的光辉。

【译文】

道是未曾有界限的，言论本来是没有是非的，为了争一个“是”字而划出分界。例如左与右，次序与等差，区别与辩论，竞胜与争持，这就是8种具体的分界。天地之外的事，圣人是存而不论的；天地之内的事，圣人则论述而不评议；对记载先王政绩的史书，圣人评议而不争辩。因而有分别就有不分别，有辩论就有不辩论。这是为什么呢？因为圣人明察万物而深藏于胸，众人却热衷于争辩而竞相显示。所以说：争辩的人没有高明的见解。大道是不可名称的，大辩是不可言说的，大仁是无所偏爱的，大廉是不谦让的，大勇是不伤害的。道，一旦称说就不是道；言，争论就有所不及；仁，有所偏爱就不能周全；廉，过分谦让就不是真实；勇，用于争斗就不称其为勇。以上五者不要疏忽，那就差不多接近道了。所以，一个人能止于他所不知的境界，就达到知的极点了。谁能知道不用言语的争辩、不用称说的道呢？如果能够明白其中的道理，则心胸阔如大海。无论注入多少都不会满溢，无论取出多少都不会枯竭，而且不知道其源流来自何处，这就叫作潜藏着的光辉。

【原文】

故昔者尧问于舜曰〔1〕：“我欲伐宗、脍、胥敖〔2〕，南面而不释然〔3〕，其故何也？”

舜曰：“夫三子者〔4〕，犹存乎蓬艾之间，若不释然何哉〔5〕？昔者十日并出，万物皆照，而况德之进乎日者乎〔6〕！”

【注释】

〔1〕舜：传说中的上古帝王。

〔2〕宗、脍、胥敖：上古时代的3个小国。

〔3〕南面：南向，指临朝。不释然：不放心。

〔4〕三子：指三位国君。

〔5〕若：你。

〔6〕进乎：超过。

【译文】

从前尧问舜说：“我想征伐宗、脍、胥敖，每当临朝总是心中不安，这是为什么呢？”

舜说：“这3个小国的国君，如同生存在蒿草丛中的小动物，你有什么不放心的呢？从前10个太阳并出，照耀万物，何况道德的光芒更胜过太阳呢！”

【原文】

齧缺问乎王倪曰[1]："子知物之所同是乎？[2]"

曰："吾恶乎知之！"

"子知子之所不知邪？"

曰："吾恶乎知之！"

"然则物无知邪？"

曰："吾恶乎知之！虽然，尝试言之：庸讵知吾所谓知之非不知邪[3]？庸讵知吾所谓不知之非知邪？且吾尝试问乎女[4]：民湿寝则腰疾偏死[5]，鳅然乎哉？木处则惴栗恂惧[6]，猿猴然乎哉？三者孰知正处[7]？民食刍豢[8]，麋鹿食荐[9]，蝍蛆甘带[10]，鸱鸦耆鼠[11]，四者孰知正味[12]？猨猵狙以为雌[13]，麋与鹿交[14]，鳅与鱼游。毛嫱、丽姬[15]，人之所美也，鱼见之深入，鸟见之高飞，麋鹿见之决骤[16]，四者孰知天下之正色哉[17]？自我观之，仁义之端[18]，是非之涂[19]，樊然淆乱[20]，吾恶能知其辩！"

齧缺曰："子不知利害，则至人固不知利害乎？"

王倪曰："至人神矣！大泽焚而不能热，河汉冱而不能寒[21]，疾雷破山飘风振海而不能惊。若然者，乘云气，骑日月，而游乎四海之外，死生无变于己[22]，而况利害之端乎！"

【注释】

〔1〕齧（niè）缺、王倪：相传是尧时的贤人，《天地篇》说："尧之师曰许由，许由之师曰齧缺，齧缺之师曰王倪，王倪之师曰被衣。"

〔2〕同是：共同肯定的道理。

〔3〕庸讵（jù）：何从。

〔4〕女：通"汝"，你。

〔5〕民：人。湿寝：睡在潮湿的地方。偏死：半身瘫痪。

〔6〕木处：住在树上。

〔7〕正处：真正舒适的居处。

〔8〕刍豢（chú huàn）：指禽兽。

〔9〕荐：草。

〔10〕蝍蛆（jì qū）：蜈蚣。甘：可口。带：蛇。

〔11〕鸱（chī）：猫头鹰。鸦：乌鸦。耆：通“嗜”，爱好。

〔12〕正味：可口的味道。

〔13〕猵狙（biān jū）：猕猴的一种。

〔14〕交：交配。

〔15〕毛嫱（qiáng）：古代美女。丽姬：春秋时期晋献公夫人。

〔16〕决骤：迅速奔跑。

〔17〕正色：真正漂亮的容貌。

〔18〕端：头绪。

〔19〕涂：途径。

〔20〕樊然淆乱：杂乱无章的样子。

〔21〕河：黄河。汉：汉江。“沍”（hù）：冻结。

〔22〕变于己：使自身发生变化。

【译文】

啮缺问王倪：“您知道万物的共同道理吗？”

王倪说：“我怎么知道呢！”

啮缺说：“您知道您自己不知吗？”

王倪说：“我怎么知道呢！”

啮缺说：“那么万物都是无知的吗？”

王倪说：“我怎么知道！尽管这样，姑且让我说说何以知道我所说的‘知’不是‘不知’呢？又怎么知道我所说的‘不知’不是‘知’呢？我且问你：人睡在潮湿的地方就会腰痛或半身瘫痪，泥鳅也会这样吗？人住在树上就恐惧发抖，猿猴也是这样吗？人、泥鳅、猿猴三者的居住习惯不同，谁才算懂得真正舒适的住所呢？人吃禽兽之肉，麋鹿吃草，蜈蚣喜欢吃蛇，猫头鹰和乌鸦爱吃老鼠，这四者究竟谁才算懂得真正可口的美味呢？猵狙和猿作配偶，麋和鹿交配，泥鳅和鱼相配。毛嫱和丽姬是人们公认的美人，但鱼见了就沉入水底，鸟见了就飞向高空，麋鹿见了就赶快跑走，这四者究竟谁才算懂得真正的美色呢？依我看来，仁义的头绪，是非的途径，都杂乱无章，我怎么能加以区别呢！”

啮缺说：“您不知利害，那么至人

也不知道利害吗？”

王倪说：“至人很神妙啊！山林燃烧而不能使他感到热，江河冻结也不能使他感到寒冷，雷霆振撼高山、狂风掀起海浪也不能使他受惊。这种至人乘云气，骑日月，遨游于四海之外，生死变化都和他没有关系，何况利害这等小事呢！”

【原文】

瞿鹊子问于长梧子曰[1]：“吾闻诸夫子[2]：‘圣人不从事于务[3]，不就利[4]，不违害[5]，不喜求[6]，不缘道[7]，无谓有谓，有谓无谓，而游乎尘垢之外[8]。’夫子以为孟浪之言[9]，而我以为妙道之行也，吾子以为奚若[10]？”

长梧子曰：“是黄帝之所听荧也[11]，而丘也何足以知之！且汝亦大早计[12]，见卵而求时夜[13]，见弹而求鸮炙[14]。予尝为女妄言之[15]，女亦以妄听之，奚？旁日月[16]，挟宇宙，为其吻合，置其滑涽[17]，以隶相尊。众人役役[18]，圣人愚芚[19]，参万岁而一成纯[20]。万物尽然[21]，而以是相蕴[22]。

“予恶乎知说生之非惑邪[23]？予恶乎知恶死之非弱丧而不知归者邪[24]？丽之姬[25]，艾封人之子也[26]。晋国之始得之也，涕泣沾襟。及其至于王所[27]，与王同筐床[28]，食刍豢，而后悔其泣也。予恶乎知夫死者不悔其始之蕲生乎[29]？

“梦饮酒者，旦而哭泣[30]；梦哭泣者，旦而田猎。方其梦也，不知其梦也。梦之中又占其梦焉，觉而后知其梦也。且有大觉而后知此其大梦也[31]，而愚者自以为觉，窃窃然知之[32]，君乎，牧乎，固哉[33]！丘也与女皆梦也，予谓女梦亦梦也。是其言也，其名为吊诡[34]。万世之后，而一遇大圣知其解者，是旦暮遇之也。

"既使我与若辩矣[35]，若胜我，我不若胜，若果是也[36]？我果非也邪？我胜若，若不吾胜，我果是也？而果非也邪[37]？其或是也？其或非也邪？其俱是也？其俱非也邪？我与若不能相知也。则人固受其黮闇[38]，吾谁使正之？使同乎若者正之，既与若同矣，恶能正之？使同乎我与若者正之，既同乎我矣，恶能正之？使异乎我与若者正之，既异乎我与若矣，恶能正之？使同乎我与若者正之，既同乎我与若矣，恶能正之？然则我与若与人俱不能相知也，而待彼也邪？

"何谓和之以天倪[39]？曰：是不是，然不然。是若果是也，则是之异乎不是也亦无辩；然若果然也，则然之异乎不然也亦无辩。化声之相待[40]，若其不相待。和之以天倪，因之以曼衍[41]，所以穷年也。忘年忘义[42]，振于无竟[43]，故寓诸无竟[44]。"

【注释】

〔1〕瞿鹊子：孔门后学。长梧子：瞿鹊子的老师。

〔2〕夫子：指孔子。

〔3〕务：世俗之事。

〔4〕就：贪图。

〔5〕违：避。

〔6〕喜求：热衷于追求。

〔7〕缘道：沿循于道。

〔8〕尘垢：世俗。

〔9〕孟浪：荒诞。

〔10〕奚若：如何。

〔11〕黄帝：传说中的上古帝王。荧(yíng)：惑乱。

〔12〕早计：求之过急。

〔13〕时夜：司夜，古人称鸡为司夜。

〔14〕弹：弹丸。

〔15〕予：我。女：你。妄：姑且。

〔16〕旁：依傍。

〔17〕滑(hūn)：昏乱。

黄 帝

〔18〕役役：忙碌奔波的样子。
〔19〕芚：通“钝”。
〔20〕参：糅合。一：一体。
〔21〕尽然：都如此。
〔22〕相蕴（yùn）：相互含蕴包容。
〔23〕说：通“悦”。
〔24〕弱：年少。丧：亡失。
〔25〕丽之姬：即丽姬。
〔26〕艾封人：在艾地守封疆的人。
〔27〕王所：王宫。
〔28〕筐床：舒适的床。
〔29〕蕲（qí）：求。
〔30〕旦：早晨，这里指睡醒。
〔31〕大觉：指领悟了大道而觉醒。大梦：指一辈子不觉悟，如长睡不醒一般。
〔32〕窃窃然：自以为明察的样子。
〔33〕固：固陋。
〔34〕吊诡：诙谐荒诞。
〔35〕若：你。
〔36〕果是：一定对。
〔37〕而：你。
〔38〕黮闇（dàn àn）：不明的样子。
〔39〕天倪：自然运行的规律。
〔40〕化声：变成各种言论。相待：相对立。
〔41〕曼衍：变化。
〔42〕忘年：忘掉生死。忘义：忘掉仁义。
〔43〕振：畅。竟：通“境”。振于无竟：无止境地畅游。
〔44〕寓：寄托。

【译文】

瞿鹊子问长梧子说：“我听孔夫子说过：‘圣人不营谋那些世俗之事，不贪图利益，不躲避危害，不热衷于追求，不拘泥于道，没有说话等于说了，说了话等于没说，而遨游于尘世之外。’孔夫子认为这都是荒诞无稽之谈，而我却认为是妙道之理，你认为怎么样？”

长梧子说：“这些话黄帝听了都疑惑不解，孔丘怎么能理解呢！你未免太性急了，就像刚看见鸡蛋就想得到报晓的公鸡，刚看见弹丸就想烤吃鸮鸟的肉。我姑且给你讲一讲，你随便听听，怎么样？圣人依傍着日月，怀抱宇宙，与宇宙万物合为一体，置是非昏乱于不顾，视尊卑贵贱为同一。众人忙碌奔波，圣人浑朴自安，糅合古今无数变化而自身却清纯如一。万物都是这样的，互相蕴含于清纯之中。

“我怎么知道贪生不是迷惑呢？我又怎么知道应该视死如归呢？丽姬是艾地守封疆人的女儿，晋国当初娶她的时候，痛哭流涕以至于泪水湿透了衣服。当她住进王宫，与晋君同床享乐，花天酒地，这才后悔当初不该哭泣。我怎么知道死者不后悔当初不该留恋人世呢？

“梦中饮酒作乐的人，醒来后却碰到倒霉的事而哭泣；梦中伤心痛哭的人，早晨起来却赶上了打猎游玩的乐事。人在梦中，不知道是在做梦。有时梦中还在做梦，醒来后才知道是在做梦。领悟了大道的人才知道人生就像一场大梦，而那些愚蠢的人却自以为清醒，好像什么都知道，整天地君呀，民呀，贵呀，贱呀，真是浅陋至极！孔丘和你都是在做梦，我说你们做梦，我也是在做梦。这些话，可以称之为荒诞无稽之谈。但在万世之后遇到一位大圣人，他能深悟其中的道理，如同早晚遇着的一样。

“假如我和你辩论，你胜了我，我输给你，你果真对吗？我果真错吗？我胜了你，你输给我，我果真对吗？你果真错吗？是我们两人有一人对，有一人错呢？还是两人都对，或者二人都错呢？我和你都不知道。凡人都有偏见，我们请谁来评判是非呢？如果请和你观点相同的人评判，他已经和你相同，怎么能评判呢？如果请和你我观点都相同的人评判，他已经和你我相同，怎么能评判呢？如果请和你我观点都不相同的人评判，他已经与你我不相同，怎么能评判呢？如果请和你我观点都相同的人评判，他已经与你我相同，怎么能评判呢？那么，我和你以及其他人都不能评判谁是谁非，还等待谁呢？

“什么叫用自然运行规律来调解是非之争？这就是：把对的视为错的，把不是这样的看成这样的。对的如果是对的，就和错的有区别了，也无须辩论；这样的如果是这样的，就和不是这样的有区别了，也无须辩论。是非之辩互相对立，其实并不对立。顺其自然，任其变化，就可以彻底超脱。不计生死，忘掉仁义，畅游于无穷的领域，这样就进入了无穷的境域。”

【原文】

罔两问景曰[1]："曩子行[2]，今子止；曩子坐，今子起。何其无特操与[3]？"

景曰："吾有待而然者邪[4]！吾所待又有待而然者邪！吾待蛇蚹蜩翼邪[5]！恶识所以然？恶识所以不然？"

【注释】

〔1〕罔两：影子外的微阴，即虚影。景：古影字。

〔2〕曩（nǎng）：从前。

〔3〕特操：独特的操守。

〔4〕有待：有所依赖。

〔5〕蛇蚹（fù）：蛇蜕下的皮。蜩（tiáo）翼：蝉蜕下的壳。

【译文】

虚影问影子说："刚才你移动，现在你停止不动；刚才你坐着，现在你又站起来。你怎么这么没有独立的性格呢？"

影子说："我因为有所依赖才会这样啊！我所依赖又有所依赖才会这样啊！我所依赖的就像蛇有鳞皮、蝉有蜕壳一样啊！我怎么知道我为什么会这样？我又怎么知道我为什么不会这样？"

【原文】

昔者庄周梦为胡蝶，栩栩然胡蝶也[1]。自喻适志与[2]！不知周也。俄然觉，则蘧蘧然周也[3]。不知周之梦为胡蝶与？胡蝶之梦为周与？周与胡蝶则必有分矣。此之谓物化[4]。

【注释】

〔1〕栩栩（xǔ）：生动活泼。

〔2〕喻：知晓，觉得。适志：得意。

〔3〕蘧蘧（qù）：惊疑。

〔4〕物化：指物我界限消解，万物融化为一。

【译文】

从前庄周梦见自己变成了蝴蝶，一只活生生的蝴蝶，自己感到得意扬扬，竟然忘记了自己是庄周。忽然梦醒了，惊疑之余才知道自己还是庄周。不知是庄周做梦化为蝴蝶呢？还是蝴蝶做梦化为庄周？庄周和蝴蝶必定是有所分别的。这就叫作万物融化为一了。

【赏析】

“齐物论”是庄子哲学思想的体现之一，它包括“齐物”和“齐论”两部分。所谓“齐物”，庄子对它的解释是：虽然世界上的万事万物千差万别，有时甚至是矛盾对立的，如生与死、寿与夭、贵与贱、富与贫、是与非等，但归根结底都是没有差别的，都是齐一的；虽然不同的人对不同的客观事物常常会有不同的看法、评论，也因此出现了是非、对错的观点，但这些认识都是出于偏见。既然认为万物齐一，那么万论也必然是齐同的，这就是“齐论”。庄子的这种哲学，从本体论来说，是唯心主义；从认识论来讲，则属于相对主义。

我们讲述的主旨不在于区分这些深奥的哲学，而是想谈谈在这种哲学理念指导下的某些人生经验。不同时代，不同国家，不分男女老幼，大概所有的人都会希望自己是美丽的，尤其是年轻的女孩子们，因为“爱美之心，人皆有之”。但是最近几年社会上却流行起来了整形，上帝给了我们一张脸，可有人还是不满意，非得花巨额资金再塑造一张脸来！若手术自然、完美的话便获得了重生，若手术没有达到期望值就算失败，这个时候肠子都悔青了又有何用？毕竟任何一项手术都存在风险，我们为求美而整形绝对要慎之又慎！其实也完全没有必要去受这个罪，为了追求所谓的“美”，我们在心理和生理上承受着双重的煎熬真的不值！因为美与丑都是相对的，可以说是仁者见仁，智者见智，而且最终也同样会变为一抔黄土的！在人的一生中，有许多更重要值得关注的事情要去做，何必还要在这些没有意义的事情上费心劳神？

在我们上下求索的路上，必然会面对是非，且让我们走自己的路，让他人说去吧！因为是非在我们眼里本身就对我们构不成威胁，本身就无所谓对错，我们只要认定了自己要走的方向，以忘我的精神投入到自己追求的幸福之中，自己就是快乐的。因为此时，痛苦即快乐，贫困也富有。

养 生 主

【原文】

吾生也有涯[1]，而知也无涯，以有涯随无涯，殆已[2]！已而为知者，殆而已矣！为善无近名[3]，为恶无近刑，缘督以为经[4]，可以保身，可以全生，可以养亲[5]，可以尽年。

【注释】

〔1〕涯：限度。

〔2〕殆：疲困。

〔3〕名：名利。

〔4〕缘督：因顺自然。

〔5〕亲：天性，精神。

【译文】

我们的生命是有限的，而知识是无限的，以有限的生命去追求无限的知识，必然疲困不堪！既然知道这一点，还要去追求知识，只会更加疲困不堪！做好事不要追求名利，做世俗认为的“恶”不要遭到刑戮之害，做事顺应自然，就可以明哲保身，可以修身养性，可以高寿善终。

【原文】

庖丁为文惠君解牛[1]，手之所触，肩之所倚，足之所履，膝之所踦，砉然响然[2]，奏刀騞然[3]，莫不中音[4]。合于《桑林》之舞[5]，乃中《经首》之会[6]。

文惠君曰：“嘻，善哉！技盖至此乎？”

庖丁释刀对曰：“臣之所好者道也，进乎技矣[7]。始臣之解牛之时，所见无非全牛者，三年之后未尝见全牛也。方今之时，臣以神遇而不以目视。官知止而神欲行[8]。依乎天理[9]，批大郤[10]，导大窾[11]，因其固然[12]。技经肯綮之未尝[13]，而况大軱乎[14]！良庖岁更刀[15]，割也；族庖月更刀[16]，折也。今臣之刀十九年矣，所解数千牛矣，而刀刃若新发于硎[17]。彼节者有间[18]，而刀刃者无厚，以无厚入有间，恢恢乎其于游刃必有余地矣。是以十九年而刀刃若新发于硎。虽然，每至于族[19]，吾见其难为，怵然为戒[20]，视为止[21]，行为迟[22]，动刀甚微[23]，謋然为解[24]，如土委地[25]。提刀而立，为之四顾，为之踌躇满志[26]，善刀而藏之[27]。"

文惠君曰："善哉！吾闻庖丁之言，得养生焉[28]。"

【注释】

〔1〕庖（páo）丁：厨师。文惠君：梁惠王。

〔2〕砉（huā）然：形容解牛时骨肉分离的声音。

〔3〕奏刀：进刀。騞（huō）然：同"砉然"。

〔4〕中音：合于乐音。

〔5〕桑林：商汤时的乐曲名。

〔6〕经首：尧时《咸池》乐曲中的一章。会：音节。

〔7〕进乎：超过。

〔8〕官：器官。神：精神。

〔9〕天理：自然的纹理。

〔10〕批：击。郤：指筋骨间的空隙。

〔11〕导：引向。窾（kuǎn）：空。

〔12〕因：顺着。固然：本来的结构。

〔13〕技经：技艺所过的地方。肯：附在骨头上的肉。綮（qìng）：筋骨连接的地方。

〔14〕大軱（gū）：大骨。

〔15〕良庖：好厨师。更：换。

〔16〕族：普通。

〔17〕发：磨。硎（xíng）：磨刀石。

〔18〕节：骨节。间：间隙。

〔19〕族：指筋骨结聚之处。

〔20〕怵（chù）：小心谨慎。

〔21〕视为止：目不转睛。

〔22〕行为迟：动作缓慢。
〔23〕甚微：很轻。
〔24〕謋（huò）然：形容牛体解开时发出的声音。
〔25〕委地：丢在地上。
〔26〕踌躇（chóu chú）：从容自得的样子。
〔27〕善刀：好好收拾刀。
〔28〕得养生焉：领悟到养生之道。

【译文】

庖丁替文惠君宰牛，手所抓的，肩所扛的，脚所踩的，膝所顶的，霍霍有声，进刀割解，“哗”的一声，那声音无不合于音乐的节奏。像《桑林》舞的动作一样轻松悠然，像《经首》乐章中的音乐那样合谐。

文惠君惊叹道：“啊！真是妙极了！你的技术怎么会达到如此高超的地步呢？”

庖丁放下刀回答说：“我所爱好的是道，对道的追求已远远超过了技术。我开始宰牛时，看到的是一头整体的牛；三年以后，所看到的就不是整体的牛了。到了现在，我是根据心神去用刀，不需要用眼睛看着，感官的作用停止了而精神活动还在进行。按照牛身上的自然纹理，击打筋骨间的空隙，把刀子引向骨节间的窍穴，顺着牛体的自然结构用刀，我的用刀技艺就连筋骨盘结的地方都不去碰，何况那些大骨头呢？好厨师一年换一把刀，他们是用刀去割筋肉的；普通厨师一个月换一把刀，他们是用刀去砍骨头的。现在我这把刀已经用了 19 年了，所宰的牛已有几千头了，可刀口仍像刚在磨刀石上新磨过的一样锋利。牛骨关节是有空隙的，而刀刃很薄，用很薄的刀刃伸入有空隙的筋骨，自然会宽宽绰绰地游刃有余，所以我这把刀用了 19 年还像新磨的一样。尽管如此，每当碰到筋骨盘结的地方，不容易下刀，就特别小心谨慎，聚精会神，慢慢动手将刀轻轻一动，牛一下子就解体了，如同泥土溃散落地一般。这时我提刀站立，四面张望，心满意足，将刀擦干净收藏起来。”

文惠君说：“好啊！我听了庖丁这番话，领悟到养生之道了。”

【原文】

公文轩见右师而惊曰[1]："是何人也？恶乎介也[2]？天与？其人与？"

曰："天也，非人也。天之生是使独也，人之貌有与也。以是知其天也，非人也。"

【注释】

〔1〕公文轩：相传为宋国人。右师：官名。

〔2〕介：一只脚。

【译文】

公文轩看见右师惊讶地说："这是什么人？为什么只有一只脚？这是天生的呢，还是人为的？"

右师说："这是天生的，不是人为的。天生下来就一只脚，而人的自然形态是天赋予的。由此而知这是天生的，而不是人为的。"

【原文】

泽雉十步一啄[1]，百步一饮，不蕲畜乎樊中[2]。神虽王[3]，不善也。

【注释】

〔1〕泽雉（zhì）：生活在草泽中的野鸡。

〔2〕樊：笼子。

〔3〕王（wàng）：旺盛。

【译文】

生活在草泽中的野鸡走十步才能啄到一口食，走百步才能喝到一口水，但它并不希望被圈养在笼子里。尽管不愁饮食，精神旺盛，但却失去了自由。

【原文】

老聃死[1]，秦失吊之[2]，三号而出[3]。弟子曰："非夫子之友邪？"

曰："然。"

"然则吊焉若此可乎？"

曰："然。始也吾以为其人也，而今非也。向吾入而吊焉[4]，有老者哭之，如哭其子；少者哭之，如哭其母。彼其所以会之[5]，必有不蕲言而言，不蕲哭而哭者。是遁天倍情[6]，忘其所受[7]，古者谓之遁天之刑[8]。适来，夫子时也；适去，夫子顺也。安时而处顺，哀乐不能入也，古者谓是帝之县解[9]。"

【注释】

〔1〕老聃（dān）：即老子。

〔2〕秦失：老子的朋友。

〔3〕三号：哭号三声。

〔4〕向：刚才。

〔5〕会：聚集。

〔6〕遁天：失去天性。倍情：违背真情。

〔7〕所受：禀受的本性。

〔8〕遁天之刑：违背天理受到的刑罚。

〔9〕帝：天帝。县解：束缚解除。

【译文】

老子死了，秦失去吊唁，哭号了三声就出来了。弟子问："您不是先生的朋友吗？"

秦失说："是的呀！"

弟子又问："那么，您这样吊唁可以吗？"

秦失说："可以。原先我以为他是至人，现在不这样认为了。刚才我进去吊唁的时候，看见有老年人哭他，如同哭自己的儿子；有少年哭他，如同哭自己的母亲。由此看来，他们之所以聚集在这里痛哭，一定有不想吊唁而吊唁，有不想痛哭而痛哭的，吊唁和痛哭只是一种礼节形式罢了。这种表现是没有天性并违背真情的，忘记了禀受的本性，古时候将这称为逃避自然的刑法。该来的时候，老子应时而生；该去的时候，老子顺理而死。生死顺应自然，就不会受到哀乐之情的困扰，古时候将这称为上苍为人解除束缚。"

【原文】

指穷于为薪[1]，火传也，不知其尽也[2]。

【注释】

〔1〕指：通脂，油脂。薪：烛火。

〔2〕尽：穷尽。

【译文】

烛薪的燃烧是有穷尽的，火却一直传下去，没有穷尽的时候。

【赏析】

“养生主”即养生的宗旨、养生的要领。文章第一段就提出了“缘督以为经”这个养生之道的总纲，它的核心意思就是教导我们做事一定要顺应事物的自然之理，不要被一些主观感情上的看法、欲望所牵制而违逆自然。接下来的几段便连用了四个寓言及“薪火”的喻意来对养生之道做进一步的说明，其中“庖丁解牛”的故事因为写得绘声绘色、传神生动而千古流传，脍炙人口。庄子通过描写庖丁用了十九年依然锋利无比的牛刀，不仅高度赞赏了庖丁的杀牛技艺，还阐发了养生的深刻哲理：只有顺应自然，才能保全生命。

其实庖丁的牛就好像一个错综复杂的社会环境，而他那把牛刀就好比我们单独的生命个体，那么我们怎样做才能够在社会上“批郤导窾”，游刃有余地立身处世呢？这就是《养生主》给我们的又一启迪：要善于观察、适应周围的环境。只有“知己知彼”才会“百战不殆”；只有看清事物发展的趋势，才能做出正确的判断。面对钩心斗角的人际关系，永远保持一颗清静淡泊、安时处顺的心，不被哀乐之情所困扰，视生死如一。以这种态度来为人世事，自己的生活便少了很多苦恼和麻烦，便会逍遥自若，人生也会更加充实和精彩。

人间世

【原文】

颜回见仲尼[1]，请行[2]。曰："奚之[3]？"

曰："将之卫。"

曰："奚为焉？"

曰："回闻卫君，其年壮，其行独[4]，轻用其国而不见其过。轻用民死，死者以国量乎泽，若蕉[5]，民其无如矣[6]！回尝闻之夫子曰：'治国去之[7]，乱国就之[8]，医门多疾。'愿以所闻，思其所行[9]，则庶几其国有瘳乎[10]！"

仲尼曰："譆！若殆往而刑耳[11]！夫道不欲杂，杂则多，多则扰，扰则忧，忧而不救。古之至人，先存诸己而后存诸人。所存于己者未定，何暇至于暴人之所行！

"且若亦知夫德之所荡而知之所为出乎哉[12]？德荡乎名，知出乎争。名也者，相轧也[13]；知也者，争之器也[14]。二者凶器，非所以尽行也。

"且德厚信矼[15]，未达人气[16]；名闻不争，未达人心。而强以仁义绳墨之言衒暴人之前者[17]，是以人恶有其美也，命之曰菑人[18]。菑人者，人必反菑之，若殆为人菑夫[19]！

"且苟为悦贤而恶不肖，恶用而求有以异[20]？若唯无诏[21]，王公必将乘人而斗其捷。而目将荧之[22]，而色将平之，口将营之[23]，容将形之[24]，心且成之。是以火救火，以水救火，名之曰益多。顺始无穷，若殆以不信厚言，必死于暴人之前矣！

"且昔者桀杀关龙逢[25]，纣杀王子比干[26]，是皆修其身以下伛拊人之民[27]，以下拂其上者也[28]，故其君因其修以挤之[29]。是好名者也。昔者尧攻丛、枝、胥敖[30]，禹攻有扈[31]，国为虚厉[32]，身为刑戮。其用兵不止，其求实无已，是皆求名实者也。而独不闻之乎？名实者，圣人之所不能胜也，而况若乎？虽然，若必有以也，尝以语我来。"

颜回曰："端而虚[33]，勉而一[34]，则可乎？"

曰："恶！恶可！夫以阳为充孔扬[35]，采色不定[36]，常人之所不违[37]，因案人之所感[38]，以求容与其心[39]，名之曰日渐之德不成[40]，而况大德乎！将执而不化[41]，外合而内不訾[42]，其庸讵可乎！

"然则我内直而外曲，成而上比[43]。内直者，与天为徒[44]。与天为徒者，知天子之与己，皆天之所子[45]，而独以己言蕲乎而人善之，蕲乎而人不善之邪？若然者，人谓之童子，是之谓与天为徒。外曲者，与人之为徒也。擎跽曲拳[46]，人臣之礼也。人皆为之，吾敢不为邪？为人之所为者，人亦无疵焉，是之谓与人为徒。成而上比者，与古为徒。其言虽教谪之实也[47]，古之有也，非吾有也。若然者，虽直而不病[48]，是之谓与古为徒。若是则可乎？"

仲尼曰："恶！恶可！大多政法而不谍[49]。虽固[50]，亦无罪。虽然，止是耳矣[51]，夫胡可以及化[52]！犹师心者也[53]。"

颜回曰："吾无以进矣[54]，敢问其方。"

仲尼曰："斋[55]，吾将语若。有心而为之，其易邪？易之者，皞天不宜[56]。"

颜回曰："回之家贫，唯不饮酒不茹荤者数月矣。如此则可以为斋乎？"

曰："是祭祀之斋，非心斋也。"

回曰："敢问心斋。"

仲尼曰："若一志[57]，无听之以耳而听之以心，无听之以心而听之以气。听止于耳，心止于符[58]。气也者，虚而待物者也。唯道集虚。虚者，心斋也。"

颜回曰："回之未始得使[59]，实自回也；得使之也，未始有回也，可谓虚乎？"

夫子曰："尽矣。吾语若：若能入游其樊而无感其名[60]，入则鸣，不入则止。无门无毒[61]，一宅而寓于不得已则几矣[62]。绝迹易，无行地难。为人使易以伪，为天使难以伪。闻以有翼飞者矣，未闻以无翼飞者也；闻以有知知者矣，未闻以无知知者也。瞻彼阕者[63]，虚室生白，吉祥止止[64]。夫且不止，是之谓坐驰[65]。夫徇耳目内通而外于心知[66]，鬼神将来舍[67]，而况人乎！是万物之化也，禹、舜之所纽也[68]，伏羲、几蘧之所行终[69]，而况散焉者乎[70]！"

【注释】

〔1〕 颜回：字子渊，孔丘的弟子。
〔2〕请行：辞行。
〔3〕奚之：去什么地方。
〔4〕独：专横独断。
〔5〕蕉：枯草。
〔6〕无如：走投无路。
〔7〕去：离开。
〔8〕就：进入。
〔9〕行：实行。
〔10〕庶几：或许。瘳（chōu）：病愈。
〔11〕若：你。殆：大概。刑：受刑罚。
〔12〕荡：失。所为出：出现的原因。
〔13〕轧：倾轧。
〔14〕器：工具，手段。
〔15〕德厚：道德纯厚。信矼（gāng）：行为诚实。
〔16〕人气：别人的脾性。
〔17〕衒：即"炫"字，炫耀，卖弄。

〔18〕命：称。 菑：即“灾”字。

〔19〕若：你。

〔20〕而：你。

〔21〕诏：劝谏。

〔22〕荧：惑乱。

〔23〕营：营救。

〔24〕形：顺从。

〔25〕桀(jié)：夏代的最后一个王，暴君。关龙逢：桀的贤臣，因劝谏而被桀所杀。

〔26〕纣(zhòu)：商代的最后一个国君，暴君。王子比干：纣王的叔父，因劝谏纣王而被剖腹掏心。

〔27〕伛拊(yǔ fǔ)：爱抚。人之民：国君的人民。

〔28〕拂：触犯。

〔29〕修：品行，修养。挤：排挤，陷害。

〔30〕丛、枝、胥敖：上古时代三个小国。

〔31〕有扈(hù)：夏代小国。

〔32〕虚：废墟。厉：厉鬼。

〔33〕端而虚：正直而谦虚。

〔34〕勉而一：勤勉而专一。

〔35〕以阳为充孔扬：骄横暴虐。

〔36〕采色不定：喜怒无常。

〔37〕不违：不敢触犯。

〔38〕案：压抑。感：感化，劝谏。

〔39〕容与：顺从。

〔40〕日渐之德：小德。

〔41〕执：固执。

〔42〕外合而内不訾(zǐ)：表面上相合而内心固执己见。

〔43〕成而上比：陈述成说，上比于古。

〔44〕与天为徒：以天为师。

〔45〕所子：所生所养。

〔46〕擎(qíng)：执笏。跽(jì)：跪拜。曲：曲身鞠躬。拳：拱手。

〔47〕谪(zhé)：诤谏。

〔48〕不病：不会获罪。

〔49〕政：正。谍：通“达”。

〔50〕固：浅陋。

〔51〕止是：只不过如此。

〔52〕胡：何。及化：感化别人。
〔53〕师心：师法自己的成见。
〔54〕无以进：没有更好的办法。
〔55〕斋：斋戒。
〔56〕皞（hào）天不宜：与自然之理不合。
〔57〕一志：心志专一。
〔58〕符：接合。
〔59〕得使：受教诲。
〔60〕樊：藩篱。无感其名：不为名利所动。
〔61〕无门无毒：不走门路营求，不用旗帜招摇。
〔62〕一宅：完全安处。寓：寄托。
〔63〕瞻：观望。阕（què）：空虚。
〔64〕吉祥：善福。
〔65〕坐驰：形坐而神驰。
〔66〕徇：使。耳目内通：将听觉和视觉通达于体内。外于心知：排除心智的作用。
〔67〕舍：居处。
〔68〕纽：关键。
〔69〕几蘧（jù）：传说中的上古帝王。所行终：作为终身奉行的准则。
〔70〕散焉者：一般人。

【译文】

颜回拜见孔子，向他辞行。孔子问："你到哪里去？"

颜回说："到卫国去。"

孔子又问："去干什么？"

孔 子

颜回说："我听说卫国的国君年壮气盛，行为独断专横，处理国事轻举妄动，认识不到自己的过错。他轻率用兵，将人民置于死地，死者遍野，形如枯草，人民已经走投无路了！我曾经听您说过：'已经治理好的国家可以离开，正处在危难中的国家则应前往，正如医生的使命就是治疗病人一样。'我想以此行实践先生的教诲，或许可以使这个国家得救！"孔子说："唉！你去了恐怕要遭受刑罚啊！'道'是不能喧杂的，喧杂就多事了，多事就要混乱，混乱就要引起忧患，这样连自己也不能自救。古代的圣人，先充实自己，然后再去扶持别人。如果自己都站不稳，还怎么去纠正暴人的行为呢！

“你知道‘德’之所以败坏，‘智’之所以横出的原因吗？道德败坏是由于追求名利，智慧横出是因为争胜。名利是导致人们互相倾轧的根源，智慧是人们互相争胜的工具。这两者都是凶器，都不是处世的正道。

“而且，一个人虽然道德纯厚、行为诚实，但还是不能被他人所了解；即使不和别人争夺名利，也未必为人所理解。你强用仁义法度的议论在暴人面前夸耀，就会被认为是用别人的罪过来换取自己的美德，把你这种行为认为是害人。害别人的人，别人一定要反过来害他。你恐怕要被人家所害。

“如果说卫君喜爱贤才而厌恶坏人，何用你去显示自己呢？除非你不诤谏，否则卫君一定会抓住你的漏洞，以他的辩才与你相斗。这时候，你的眼光惑乱了，表情缓和了，口里只是讲一些营救自己的话，容貌也卑恭了，内心也就依顺他的意见了。这是用火去救火，用水去救火，可谓越救越糟糕。开始就依顺他，以后就永远依顺他了。如果你得不到他的信任，还要对他强加谏诤，那就必定死在暴人的面前了。

“从前桀杀关龙逢，纣杀王子比干，都是因为他们德行修养好，以属下的地位爱抚国君的人民，触犯了居于上位的君主的意志，以致君主因为他们的修养太好而陷害他们。这就是好名的结果啊！从前尧攻丛、枝、胥敖，禹伐有扈，使这些国家成了废墟，人民伤亡，国君遭受刑戮。这是由于他们不断用兵，贪利不已。这都是争名贪利的结果，你难道没有听说过吗？名和利的欲念，连圣人都不能克服，何况你呢！尽管这样，你一定有自己的想法，且说给我听听。”

颜回说：“正直而谦虚，勤勉行事而意志专一，这样可以吗？”

孔子说：“不！不可以！卫君骄横暴虐，喜怒无常，人们都不敢违背他的意志，他压制别人的劝谏，使人们顺从自己的主张。这种人不断用小德逐渐感化他都不成，何况用大德规劝他，让他立即悔悟呢？他必定固执不化，即使表面附和而内心仍是固执己见，你的办法有什么用呢！”

比　干

颜回说：“那么，我用内直而外曲、成而上比的美德去感化他。所谓内直，就是以天为师。所

谓以天为师，就是认定天子和自己都是天生的，不计较别人对自己的言行是称赞还是指责。如果这样，人们就称他为童子。这就叫以天为师。所谓外曲，就是以人为师。执笏、跪拜、鞠躬、拱拳，这是人臣应尽的礼节。人们都这样做，我敢不这样做吗？做人们都做的事，别人就无法指责。这就是叫以人为师。所谓‘成而上比’，就是以古为师。我所说的话虽然都是教化、诤谏方面的内容，但那是古来就有的，并不是我创造的，虽然其言直率却也不会获罪。这就叫以古为师。这样可以吗？”

孔子说：“不！不可以！你纠正人家的方式方法太多而又不通达。虽然浅陋，却是可以免罪的。但是，只有如此而已，怎么能够感化别人呢！你太固执己见了。”

颜回说：“我没有更好的办法了，请先生赐教。”

孔子说：“你先斋戒，我再告诉你。有心去做事，难道容易吗？如果以为容易，那是与天理不合的。”

颜回说：“我家贫穷，不饮酒，不吃荤，已经好几个月了。这样可以算是斋戒了吧？”

孔子说：“那是祭祀的斋戒，而不是‘心斋’。”

颜回说：“请问什么是‘心斋’？”

孔子说：“你专心致志，不要用耳去听，而要用心去听；不要用心去听，而要用气去听。用耳去听只能得到无意义的声音，用心去听只能得到幻灭无常的现象。气是空虚的，却能容纳万物。惟心有道才能集结在空虚之中，因为道本身也是虚的。所以说，空明的心境就是心斋。”

颜回说：“我没有接受先生的心斋教诲时，实实在在地感觉到颜回的存在；接受了心斋的教诲之后，就觉得不曾有颜回了。这可以称为虚吗？”

孔子说：“这就对了！我告诉你：你就像游玩一般进入藩篱之内，不为名利动心，人家听你的意见就讲，不听就不讲。不要提什么治国方案，处理任何事情都寄托于不得已，这样就差不多了。一个人不走路容易，走路不踩地则是很难的。被他人驱使就容易作假，顺其自然而行就难以作假。只听说过有翅膀才会飞，没听说过没有翅膀而会飞的；只听说过用智慧去求得知识，没听说过不用智慧可求知识的。看那个空虚的境界，空虚的室内生出白光来，善福就聚集于此。如果心境不能宁静，身体即使静坐而精神却外驰了。使耳目感官向内通达而不用心智，鬼神也会来归附，何况是人呢！这就是顺应万物的变化，禹、舜处世的关键，伏羲、几蘧终身奉行的准则，何况一般人呢！”

【原文】

叶公子高将使于齐[1]，问于仲尼曰：“王使诸梁也甚重[2]，齐之待使者，盖将甚敬而不急[3]。匹夫犹未可动，而况诸侯乎！吾甚栗之。子常语诸梁也曰：‘凡事若小若大，寡不道以欢成[4]。事若不成，则必有人道之患[5]；事若成，则必有阴阳之患[6]。若成若不成而后无患者，唯有德者能之。’吾食也执粗而不臧[7]，爨无欲清之人[8]。今吾朝受命而夕饮冰，我其内热与？吾未至乎事之情，而既有阴阳之患矣！事若不成，必有人道之患，是两也[9]。为人臣者不足以任之，子其有以语我来！”

仲尼曰：“天下有大戒二[10]：其一，命也；其一，义也。子之爱亲，命也，不可解于心；臣之事君，义也，无适而非君也，无所逃于天地之间。是之谓大戒。是以夫事其亲者，不择地而安之，孝之至也；夫事其君者，不择事而安之，忠之盛也。自事其心者，哀乐不易施乎前，知其不可奈何而安之若命，德之至也。为人臣子者，固有所不得已，行事之情而忘其身，何暇至于悦生而恶死！夫子其行可矣！

“丘请复以所闻：凡交，近则必相靡以信[11]，远则必忠之以言。言必或传之。夫传两喜两怒之言[12]，天下之难者也。夫两喜必多溢美之言，两怒必多溢恶之言。凡溢之类妄[13]，妄则其信之也莫[14]，莫则传言者殃。故法言曰[15]：‘传其常情[16]，无传其溢言，则几乎全[17]。’

“且以巧斗力者，始乎阳[18]，常卒乎阴[19]，泰至则多奇巧[20]；以礼饮酒者，始乎治[21]，常卒乎乱，泰至则多奇乐。凡事亦然。始乎谅[22]，常卒乎鄙[23]；其作始也简[24]，其将毕也必巨。夫言者，风波也；行者，实丧也[25]。夫风波易以动。实丧易以危。故忿设无由[26]，巧言偏辞。兽死不择音[27]，气息茀然[28]，于是并生心厉[29]。尅核大至[30]，则必有不肖之心应之[31]，而不知其然也。苟为不知其然也，孰知其所终[32]？故法言曰：‘无迁令[33]，无劝成[34]，过度益也[35]。’迁令劝成殆事[36]。善成在久，恶成不及改，可不慎与！且夫乘物以游心[37]，托不得已以养中[38]，至矣。何作为报也，莫若为致命[39]。此其难者。”

【注释】

〔1〕叶公子高：楚庄王玄孙，被封于叶，字子高，名诸梁。

〔2〕王：楚王。重：责任重大。

〔3〕甚敬而不急：态度非常恭敬而办事毫不着急。

〔4〕寡不道以欢成：很少不是因为欢悦而成功的。

〔5〕人道之患：人为的灾难。

〔6〕阴阳之患：阴阳失调而患病。

〔7〕执：取。臧：善。

〔8〕爨（cuàn）：烧火做饭。清：清凉。

〔9〕两：指双重之患。

〔10〕戒：法则。

〔11〕靡：亲顺。

〔12〕两喜：双方都高兴。两怒：双方都愤怒。

〔13〕妄：妄诞。

〔14〕信之也莫：不相信。

〔15〕法言：格言。

〔16〕常情：实情。

〔17〕全：保全。

〔18〕阳：公开。

〔19〕阴：秘密。

〔20〕泰至：太甚。奇巧：阴谋诡计。

〔21〕治：有规矩。

〔22〕谅：诚实。

〔23〕鄙：险恶。

〔24〕作：发生。简：微小。

〔25〕实丧：得失。

〔26〕忿设无由：愤怒的发作，没有别的原因。

〔27〕不择音：情急乱叫。

〔28〕茀（fú）：发怒。

〔29〕心厉：害人之意。

〔30〕剋（kè）核大至：过于苛刻计较。

〔31〕不肖：不善。应：报答。

〔32〕所终：下场。

〔33〕迁令：改变命令。

〔34〕劝成：促成。

〔35〕益：同“溢”。

〔36〕殆事：害事。

〔37〕乘物以游心：顺应万物，以逍遥自在。

〔38〕养中：保善心性。

〔39〕致命：致君之命。

【译文】

叶公子高将要出使齐国，他向孔子请教说：“楚王赋予我的使命很重大。齐国对待外国的使者，总是态度很恭敬，办事却拖拖拉拉。我对一个普通人都难以感化，何况诸侯！对此我很害怕。先生常对我说：‘凡事不论大小，很少不是因为双方都满意而成功的。若是事情不成功，必定会受到惩罚；若事情成功，必定会忧劳成疾。无论成功还是不成功都不会造成灾难的，只有那有德之人才能做到。’我平时饮食粗糙不求精美，家里也没有求清凉的人。现在我早上接受了使命，晚上就要饮清凉解热之剂，这是急出内火了吧！我的使命还没有进行，就已经忧愁成疾；如果事情再办不成，必定还要受到惩罚，真是祸不单行啊！为人臣的对双重之祸实在受不了，请先生教我解困之良策！”

孔子说："天下有两大法则：一个是命，一个是义。子女爱父母，这是命，是无法解释清楚的；臣子事君，这是义，无论任何国家都不能没有君，是没有办法可以逃避的。这就是所谓大法则。因此，子女养父母，无论什么境况都要使他们安适，这是尽孝的极点；臣子事君，无论什么事情都要竭尽全力，这是尽忠的极点。懂得调养自己心性的人，不受哀乐情绪的影响，知道事情无可奈何而安于命，这就是德行的极点了。为人臣子的，当然有不得已的事情，但如果根据实际情况去做而忘却自身，哪里有功夫产生贪生怕死的念头呢！你去做就行了！

"我还想把听到的一些道理再给你说一说：大凡国与国相交，邻近的国家必定以信用去亲顺，相隔遥远的国家则必定用忠诚的语言去交结。用语言交结，就必须靠使臣去传达。传达两国相喜或相怒的话，是天下最难的事情。说两国都喜欢的话，必然虚增许多好话；说两国都愤怒的话，则必然虚增许多坏话，凡是虚增的话都是失真的，失真得难以使人相信，那传话的使臣就要遭殃了。所以格言说：'要传常情，不要传达失真的言辞，这样传话的人或许可以保全自己。'

"那些以技巧角力的人，开始的时候明来明去，但往往最后就使用起阴谋来了，发展到极点就诡计百出；以礼饮酒的人，开始的时候规规矩矩，但往往最后就沉醉昏乱，发展到极点就放荡狂欢了。任何事情都是这样，起初彼此谅解，但往往最后就互相欺诈了；开始的时候很简单，到后来就变得复杂艰巨了。语言是风波，传达语言则有得有失。风波容易流动，得失之间最容易发生危险。所以，愤怒的发作没有别的原因，就是由于花言巧语偏激失当所致。野兽临死的时候狂乱而叫，勃然发怒，于是产生了害人的念头。凡事苛刻计较太甚，则必然招致别人的报复，而他自己还不知道是什么缘故。如果他自己还执迷不悟，谁知道他会有什么下场！所以格言说：'不要改变所受的命令，不要强求事情的成功，过分就是虚妄。'改变所受的命令和强求事情的成功，这是很危险的。成就一件好事需要很长的时间，但破坏一件事情却悔之莫及，请谨慎啊！顺应万物以逍遥自在，寄托于不得已而保养心性，这是最好的处世之道。何必刻意去完成所受的使命！与其如此，不如顺乎自然地去行事。当然这也是很难做到的。"

【原文】

颜阖将傅卫灵公太子[1]，而问于蘧伯玉曰[2]："有人于此[3]，其德天杀[4]。与之为无方[5]，则危吾国；

与之为有方，则危吾身。其知适足以知人之过，而不知其所以过。若然者，吾奈之何？”

蘧伯玉曰：“善哉问乎！戒之，慎之！正汝身也哉！形莫若就[6]，以莫若和。虽然，之二者有患[7]。就不欲入[8]，和不欲出[9]。形就而入，且为颠为灭，为崩为蹶；心和而出，且为声为名，为妖为孽。彼且为婴儿[10]，亦与之为婴儿；彼且为无町畦[11]，亦与之为无町畦；彼且为无崖[12]，亦与之为无崖。达之入于无疵[13]。

“汝不知夫螳螂乎！怒其臂以当车辙，不知其不胜任也。是其才之美者也[14]。戒之慎之！积伐而美者以犯之[15]。几矣。

“汝不知夫养虎者乎？不敢以生物与之，为其杀之之怒也；不敢以全物与之，为其决之之怒也[16]。时其饥饱[17]，达其怒心[18]。虎之与人异类，而媚养己者[19]，顺也；故其杀者，逆也。

“夫爱马者，以筐盛矢[20]，以蜃盛溺[21]。适有蚊虻仆缘[22]，而拊之不时[23]，则缺衔毁首碎胸[24]。意有所至而爱有所亡[25]，可不慎邪？”

【注释】

〔1〕颜阖（hé）：鲁国贤人。傅：师傅。

〔2〕蘧（jù）伯玉：卫国贤大夫。

〔3〕人：指太子。

〔4〕德：性。天杀：天性嗜杀，残忍。

〔5〕与之：对他。无方：没有原则。

〔6〕形：表面。就：近，附和。

〔7〕患：危险。

〔8〕入：陷入。

〔9〕出：显露。

〔10〕婴儿：比喻无知。

〔11〕町畦（tǐng qí）：原义为有田界的园地，这里引申为限制、约束。

〔12〕崖：通“涯”。
〔13〕疵：毛病。
〔14〕是：特。
〔15〕积：多次。伐：夸耀。
〔16〕决：撕裂。
〔17〕时：伺机。
〔18〕达：引导。
〔19〕媚：柔顺。
〔20〕矢：屎。
〔21〕蜃（shèn）：大蛤壳。
〔22〕仆缘：附着。
〔23〕拊：拍打。
〔24〕缺衔：咬断口勒。毁首碎胸：毁坏笼头和肚带。
〔25〕意：主观意图。

【译文】

颜阖被聘去当卫灵公太子的师傅，他去请教蘧伯玉说：“有这样一个人，他天性残忍。如果无原则地和他相处，就会危害我们的国家；坚持原则和他相处，则会危害我自身。他的聪明足以知道别人的过错，但不知道他自己的过错。遇到此情况我该怎么办呢？”

蘧伯玉说：“你问得很好！要小心谨慎，首先你自己要站得稳！表面上最好多接近他，内心则多存诱导之意，即便如此，这样做仍会有祸患。接近他而又不要陷进去，诱导他也不要太明显。如果陷进去连你自己都要毁坏堕落的；诱导太明显，他就会以为你在争名求誉，从而招来大祸。他如果像婴儿那样无知，你也姑且随他像婴儿那样无知；他如果行为没有约束，你也姑且随他那样行为放纵；他如果无拘无束，你也姑且随他那样无拘无束。你这样做了，他就不会挑出你的毛病了。

“你不知道那螳螂吗！它奋力举起臂膀去阻挡车轮，却不知道自己的力量不能胜任，这是因为它过高地估计了自己的才能。小心谨慎啊！你如果经常自我夸耀而触犯了太子，那就和螳螂差不多了！

“你不知道喂养老虎的人吗？不敢拿活物喂它，怕它咬死活物时激起残杀的天性；不敢拿完整的动物喂它，怕它撕裂动物时激起暴怒的天性。养虎的人总是把握它饥饿的时刻，对它暴怒的性情加以引导。老虎和人不属于同类，但却对饲养自己的人很柔顺，这是因为养虎的人顺着它的性子的缘故；老虎伤人，是因为人触犯了它。

"爱马的人，用精致的筐子去接马粪，用珍贵的盛水器去接马尿。偶尔有蚊虻叮在马身上，爱马的人若是出其不意地前去扑打蚊虻，马就会因受惊而咬断口勒，毁坏笼头和肚带。本意出于爱，但却因为爱而造成了损失，能不谨慎吗？"

【原文】

匠石之齐[1]，至于曲辕[2]，见栎社树[3]。其大蔽数千牛，絜之百围[4]，其高临山[5]，十仞而后有枝[6]，其可以为舟者旁十数[7]。观者如市，匠伯不顾[8]，遂行不辍[9]。

弟子厌观之[10]，走及匠石，曰："自吾执斧斤以随夫子，未尝见材如此其美也。先生不肯视，行不辍，何邪？"

曰："已矣，勿言之矣。散木也[11]。以为舟则沉，以为棺椁则速腐，以为器则速毁，以为门户则液樠[12]，以为柱则蠹[13]，是不材之木也。无所可用，故能若是之寿[14]。"

匠石归，栎社见梦曰[15]："女将恶乎比予哉？若将比予于文木邪[16]？夫柤梨橘柚，果蓏之属，实熟则剥[17]，剥则辱，大枝折，小枝泄[18]，此以其能苦其生者也[19]。故不终其天年而中道夭，自掊击于世俗者也[20]。物莫不若是。且予求无所可用久矣，几死[21]，乃今得之，为予大用。使予也而有用，且得有此大也邪？且也若与予也皆物也，奈何哉其相物也？而几死之散人，又恶知散木！"

匠石觉而诊其梦[22]。弟子曰："趣取无用[23]，则为社何邪？"

曰："密[24]！若无言！彼亦直寄焉[25]，以为不知己者诟厉也[26]。不为社者，且几有翦乎[27]！且也彼其所保与众异，而以义喻之，不亦远乎[28]！"

【注释】

〔1〕匠石：名叫石的木匠。

〔2〕曲辕：地名。

〔3〕栎(lì)：树名。社树：被奉为土地神的树。

〔4〕絜(xié)：量。

〔5〕临山：高出山顶。

〔6〕仞：古代长度单位，1仞长8尺或7尺。

〔7〕为舟：造船。

〔8〕不顾：不看。

〔9〕辍(chuò)：停止。

〔10〕厌观：用心观察。

〔11〕散木：无用之木。

〔12〕樠(mán)：树名，树心有油脂流出。

〔13〕蠹(dù)：蛀虫。

〔14〕若是：如此。

〔15〕见梦：托梦。

〔16〕文木：纹理正常可作木料的树。

〔17〕剥：击打。

〔18〕泄：通“抴”(yè)，牵扭。

〔19〕苦其生：使一生受苦。

〔20〕自掊(pǒu)：自讨打击。

〔21〕几死：几乎被砍伐而死。

〔22〕诊：告。

〔23〕趣取：追求。

〔24〕密：保密。

〔25〕直寄：特意寄托。

〔26〕诟(gòu)厉：讥讽辱骂。

〔27〕几：几乎。翦：砍伐。

〔28〕远：相差太远。

【译文】

匠石到齐国去，行至曲辕，看见一棵被奉为土地神的树。这棵树很大，可以为几千头牛遮荫，量一量树干有百围之粗，它像山那样高，10仞以上才生树枝，可以造船的树枝就有十几枝。观树者人山人海，可匠石看也不看，只顾走自己的路。

匠石的弟子用心看一番，追上匠石问道：“自从我执斧随先生学艺以来，未曾见过这么好的木材，先生不肯看一看而直往前走，究竟为什么呢？”

匠石说：“算了吧，不要再说了！那是一棵没有用的散木。用它做船会沉，用它做棺材很快会腐烂，用它做器具很快会毁坏，用它做门窗会流出油脂，用它做梁柱会被虫蛀，是一株无用之木。正因为它没有一点用处，所以才能如此长寿。”

匠石回家以后，夜里梦见栎树说：“你要用什么东西和我相比呢？把我和文木相比吗？那柤梨橘柚之类结果子的树木，果实熟了就要遭受敲打，蒙受欺凌，大枝被折断，小枝被扭掉。这都是由于它们的有用而终生受苦。它们因此不能享尽天年，而中途夭折，这是自讨世俗之人的摧残，一切东西没有不是这样的。我追求达到无所可用的境地，已经很久了，曾多次几乎被砍死，现在才达到无所可用的目的，这对我来说正是大用。如果我有用的话，还能长到这么大吗？而且，你和我都是物，为什么要互相非议呢？你是将要死的散人，又怎能知道散木？”

匠石醒来，将梦中情形告诉了弟子。弟子说：“它追求无用，但为什么要充当社树呢？”匠石说：“别吭声！你不要说话！它不过是特意挂着社树的招牌，以保全自己罢了，以致被不了解其本意的人讥讽辱骂。如果它不当社树，岂不早就被砍掉了！而且，它所用的保全自己的办法与众不同，你用常理去议论它，不是太过分了吗！”

【原文】

南伯子綦游乎商之丘[1]，见大木焉，有异[2]，结驷千乘[3]，隐将芘其所藾[4]。子綦曰：“此何木也哉？此必有异材夫！”仰而视其细枝，则拳曲而不可以为栋梁；俯而视其大根，则轴解而不可以为棺椁[5]；咶其叶[6]，则口烂而为伤；嗅之，则使人狂酲三日而不已[7]。

子綦曰：“此果不材之木也，以至于此其大也。嗟乎！神人以此不材！”

【注释】

〔1〕商之丘：即商丘，宋国国都。

〔2〕有异：与众不同。

〔3〕驷：四马拉一车。千乘：千辆车。

〔4〕芘：通庇。 藾(lài)：荫。

〔5〕轴解：木心旋散。

〔6〕咶(shì)：舔。

〔7〕酲(chéng)：醉酒。

【译文】

南伯子綦到商丘去游玩，看到一棵大树，这棵树与众不同，千乘车马都可以隐庇在它的树荫下。子綦说："这是一棵什么树啊？它必定有奇异的材质！"抬头看它的细枝，弯弯曲曲不能做栋梁；低头看主干，木心旋散不能做棺材；舔一下树叶，嘴就受伤溃烂；闻一闻它，就会使人大醉三日不醒。

子綦说："这真是一棵不材之木，所以才会长得这么大。唉！神人也是这样以不材寄寓大材。"

【原文】

宋有荆氏者[1]，宜楸柏桑[2]。其拱把而上者[3]，求狙猴之杙者斩之[4]；三围四围，求高名之丽者斩之[5]；七围八围，贵人富商之家求椫傍者斩之[6]。故未终其天年而中道已夭于斧斤，此材之患也。故解之以牛之白颡者[7]，与豚之亢鼻者[8]，与人有痔病者，不可以适河。此皆巫祝以知之矣，所以为不祥也。此乃神人之所以为大祥也。

【注释】

〔1〕荆氏：宋国地名。

〔2〕宜：适宜种植。

〔3〕拱：两手合握。把：一手所握。

〔4〕杙(yí)：小木桩。

〔5〕丽：屋栋。

〔6〕椫(shàn)傍：单幅板的棺材。

〔7〕颡（sǎng）：额。

〔8〕豚（tún）：猪。亢：高。

【译文】

宋国有一处叫荆氏的地方，适宜种植楸树、柏树、桑树。一握、两握粗细的树，想找拴猴子的木桩的人就把它砍去了；三围、四围粗的，想用作高大屋栋的人就把它砍去了；七围、八围粗的，贵人和富商想做单幅板棺材就把它砍去了。这些树之所以未能享尽天年而中途丧命于斧子，就是因为有用而招来的祸患。古时祭祀，凡是白额的牛、高鼻的猪、生痔疮的人，都不能用来祭祀河神，这是巫祝都知道的常识。一般人认为不吉祥的，正是神人以为最吉祥的。

【原文】

支离疏者〔1〕，颐隐于脐〔2〕，肩高于顶〔3〕，会撮指天〔4〕，五管在上〔5〕，两髀为胁〔6〕。挫针治繲〔7〕，足以糊口；鼓荚播精〔8〕，足以食十人〔9〕。上征武士〔10〕；则支离攘臂而游于其间〔11〕；上有大役〔12〕，则支离以有常疾不受功〔13〕；上与病者粟，则受三锺与十束薪〔14〕。夫支离其形者，犹足以养其身，终其天年，又况支离其德者乎！

【注释】

〔1〕支离疏：庄子杜撰的人名，意为支离破碎，形体不健全。

〔2〕颐（yí）：面颊。隐于脐：藏在肚脐里。

〔3〕顶：头顶。

〔4〕会撮：发髻。指天：朝天。

〔5〕五管：五脏的脉管。

〔6〕髀（bì）：大腿。

〔7〕挫：拿。繲（xiè）：衣服。

〔8〕鼓荚播精：卜卦算命。

〔9〕食：养。

〔10〕上：指官府。征武士：征兵。

〔11〕支离：支离疏的简称。攘臂：捋起袖子，伸出胳膊，意为满不在乎。
〔12〕役：徭役。
〔13〕不受功：不用服役。
〔14〕锺：古代容量单位，6石4斗为1锺。十束薪：10捆柴。

【译文】

有一个形体不全的人，他的脸藏在肚脐里，肩膀高出头顶，发髻冲天，五脏的脉管在背上突起，两股几乎变成两胁。他拿针给人补衣，就足以糊口；给人家卜卦算命，就足以养活10口人。官府征兵时，他满不在乎地游逛于征兵场所；官府征发徭役时，他因为是残疾人而不用服役；官府救济病人时，他领到3锺粟和10捆柴。身体畸形的人，还能自养其身，享尽天年，何况德行奇特的人呢！

【原文】

孔子适楚，楚狂接舆游其门曰[1]：“凤兮凤兮！何如德之衰也？来世不可待，往世不可追也！天下有道，圣人成焉[2]；天下无道，圣人生焉[3]；方今之时，仅免刑焉！福轻乎羽，莫之知载；祸重乎地，莫之知避。已乎，已乎！临人以德[4]。殆乎，殆乎！画地而趋。迷阳迷阳[5]，无伤吾行！吾行郤曲[6]，无伤吾足！”

山木自寇也[7]，膏火自煎也[8]。桂可食，故伐之；漆可用，故割之。人皆知有用之用，而莫知无用之用也。

【注释】

〔1〕楚狂：楚国的狂人。接舆：人名。
〔2〕成：成就。
〔3〕生：求生，保全性命。
〔4〕临人：待人。
〔5〕迷阳：一种多刺的草。
〔6〕郤曲：弯曲，艰难。
〔7〕自寇：自讨砍伐。
〔8〕自煎：自讨燃烧。

【译文】

孔子到楚国去，楚国的狂人接舆走过孔子的门前，唱道："凤凰啊，凤凰啊！你的德行为什么衰败了？来世不可等待，往世也不可追回！天下有道，圣人可以成就事业；天下无道，圣人只能保全性命；当今之时，只求免遭刑害，幸福比羽毛还要轻，但谁也不知道怎样去追求；灾难比大地还要重，但谁也不知道怎样才能避免。算了，算了吧！不要以德去待人。危险，危险啊！要择地而蹈。荆棘荆棘，不要刺伤我的腿！我行走弯曲艰难，不要伤了我的脚！"

山木自讨砍伐，膏火自讨燃烧。桂树可以食用，因而招致砍伐；漆树之汁可以为用，因而招致刀割。世人都知道有用的用处，但却不知道无用的用处。

【赏析】

人间世，即人世间、人类社会。本篇的主旨在于讨论处世哲学，尤其探讨了乱世之中人应该如何保全自我的处世之道。

庄子生活在战国末期，当时社会黑暗，民不聊生，连年争战，生存多艰。在这样一个险恶的环境中，如何才能明哲保身、全身远祸呢？作者并没有干巴巴地说教，而是讲述了几则有趣而又有意义的故事：颜回、叶公子高向孔子请教与统治者相处的艺术；颜阖向蘧伯玉请教与储君相处的学问；栎树神在梦中对匠石的直白；接舆乱世高歌的轻狂等，作者以寓言的方式说明了不同场合的不同处世方法。总之，庄子的人生对策概括起来便是：提出"心斋"，即调养心境，使心境虚静而空明；倡导"缘督以为经"，即虚己顺物，顺其自然；宣扬"无为而无不为"，无用即大用等方法。本篇对现实的揭露很深刻，对处世之道的选择也颇无奈。

《庄子》是古籍经典，千古传唱，历久弥新。时至今日，我们虽然已经生活在了和谐、发展的国度，但是我们同样能从这篇《人间世》中学到很多生活、处世的智慧。都说"天下熙熙，皆为利来；天下攘攘，皆为利往"。难道大街上每天匆忙的人流都是为了名利而忙碌吗？"名利"二字古往今来又劳累了多少人？其实一个人在这个社会上生存本已不易，追求名利似乎也是为了更好生活，本不该引起非议！可是，一个人如果太在乎名利，太强求成功的话，也许生活、世俗的打击就会接踵而至，或许我们换个心态，换种方式，生活会更好？父母是我们的至亲，我们目前或许还没有能力让他们的生活更加安适，但

我们在外拼搏时一定要使其安心；朋友是我们的知己，交往之时一定要热情谦虚，正直诚信；同事是我们工作上的伙伴，我们的职责就是团结一致把工作做好。……

我们就这样勤勤恳恳地工作，谦顺而安地生活，随机应变地进步，或许当我们已快忘记谁叫成功时，它反而来讨好我们了。

大 宗 师

【原文】

知天之所为[1]，知人之所为者，至矣。知天之所为者，天而生也；知人之所为者，以其知之所知以养其知之所不知，终其天年而不中道夭者，是知之盛也。虽然，有患：夫知有所待而后当[2]，其所待者特未定也[3]。庸讵知吾所谓天之非人乎？所谓人之非天乎？且有真人而后有真知。

何谓真人？古之真人，不逆寡[4]，不雄成[5]，不谟士[6]。若然者，过而弗悔，当而不自得也。若然者，登高不慄，入水不濡[7]，入火不热。是知之能登假于道者也若此。

古之真人，其寝不梦，其觉无忧[8]，其食不甘[9]，其息深深[10]。真人之息以踵，众人之息以喉。屈服者，其嗌言若哇[11]。其耆欲深者[12]，其天机浅。

古之真人，不知说生 ，不知恶死。其出不䜣[13]，其入不距， 翛然而往[14]，翛然而来而已矣。不忘其所始，不求其所终，受而喜之，忘而复之。是之谓不以心捐道[15]，不以人助天。是之谓真人。若然者，其心志[16]，其容寂，其颡頯[17]，凄然似秋，暖然似春，喜怒通四时，与物有宜而莫知其极。故圣人之用兵也，亡国而不失人心，利泽施于万物，不为爱人。故乐通物[18]，非圣人也；有亲[19]，非仁也；天时，非贤也；利害不通，非君子也；行名失己[20]，非士也；亡身不真[21]，非役人也。若狐不偕、务光、伯夷、叔齐、箕子、胥余、纪他、申徒狄[22]，是役人之役[23]，适人之适[24]，而不自适其适者也[25]。

古之真人，其状义而不朋[26]，若不足而不承。与乎其觚而不坚也[27]，张乎其虚而不华也[28]；邴邴乎其似喜乎[29]，崔乎其不得已乎[30]；滀乎进我色也[31]，与乎止我德也；广乎其似世也[32]，謷乎其未可制也；连乎其似好闭也[33]，悗乎忘其言也[34]。以刑为体[35]，以礼为翼[36]，以知为时[37]，以德为循[38]。以刑为体者，绰乎其杀也[39]；以礼为翼者，所以行于世也；以知为时者，不得已于事也；以德为循者，言其与有足者至于丘也，而人真以为勤行者也。故其好之也一[40]，其弗好之也一。其一也一，其不一也一。其一与天为徒，其不一与人为徒。天与人不相胜也[41]，是之谓真人。

【注释】

〔1〕所为：作用。

〔2〕待：依赖。当：得当。

〔3〕特：却，但。

〔4〕逆寡：违逆微少。

〔5〕雄成：力求成功。

〔6〕谟（mó）：谋。士：假借为事。

〔7〕濡（rù）：沾湿。

〔8〕觉：醒。

〔9〕甘：精美。

〔10〕息：呼吸。

〔11〕嗌（yì）：咽喉。哇：呕吐。

〔12〕耆：通“嗜”，嗜欲。

〔13〕出：生。 䜣（xīn）：同“欣”，欢喜。

〔14〕翛（xiāo）然：自由自在的样子。

伯 夷

〔15〕捐：损。

〔16〕志：安。

〔17〕颡（sǎng）：额头。頯（qiú）：宽大。

〔18〕乐通物：乐意与万物相和。

〔19〕亲：偏爱。

〔20〕行名：求名。失己：丧失自己的天性。

〔21〕亡身不真：丧失真性。

〔22〕此段为衍文。狐不偕：相传为尧时贤人，尧让天下于他而不受，投河而死。务光：相传为夏末商初时人，商汤让天下于他而不受，负石投庐水而死。伯夷、叔齐：商朝孤竹君的两个儿子，周武王灭商，二人不食周粟，饿死于首阳山。箕子：商末贤臣，因劝谏纣王而遭迫害。胥余：箕子之名。纪他、申徒狄：相传为商汤时逸民，因担心商汤让天下于己投河而死。

〔23〕役人之役：被别人役使。

〔24〕适人之适：使别人安适。

〔25〕自适其适：使自己安适。

〔26〕朋：朋党。

〔27〕觚（gū）：棱角。

〔28〕张：开阔。华：浮华。

〔29〕邴邴：舒畅的样子。

〔30〕崔：行为，举动。

〔31〕滀（chù）：和蔼。

〔32〕广：广阔。

〔33〕连：沉默。

〔34〕悗（mèn）：无心。

〔35〕体：主体。

〔36〕翼：羽翼。

〔37〕时：时变。

〔38〕循：依据。

〔39〕绰：从容。

〔40〕一：相同。

〔41〕相胜：相对立。

【译文】

知道天的作用，知道人的作用，其知识就达到极点了。知道天的作用，就是说懂得宇宙万物是无所生的；知道人的作用，就是按照自己的智力行事，不努力追求所不知道的东西，以保持长寿，这是最聪明的。尽管如此还有问题，即：知识有赖于其所反映的对象而后方能判断其是否正确，因为事物的真相不易认识，故难以确定。何以知道我所说的天不是人呢？我所说的人不是天呢？只有真人才能知道。

什么叫真人？古时候的真人，不违逆微少，不力求成功，不考虑什么事情。若是这样，错过了时机而不追悔，一帆风顺也不自得。若是这样，登高不发抖，下水不觉湿，入火不觉热。知识达到了道的境界就是这样的。

古时候的真人，睡觉时不做梦，醒来时无忧无虑，饮食不求精美，呼吸深长。真人的呼吸直达脚跟，普通人的呼吸只是用咽喉。辩论中被人所屈服的人，话语咽塞在喉头就像要呕吐一样。凡嗜欲深的人，他的天机就浅薄了。

古时候的真人，不知道悦生，不知道讨厌死。他出生的时候不欣喜，入死的时候不拒绝，无拘无束地去了，自由自在地来了，死生不过如此而已。不忘记他自己的来源，也不追求他自己的归宿，获得了生命欣然接受，失去了生命则复归自然。这就叫不用心智去损害道，不用人为去帮助天。这就叫作真人。若是这样，他心里忘记了一切，他的容貌寂静安详，他的额头宽广而恢宏，严肃像秋天一样，温暖像春天一般，喜怒如同四时运行一样自然，顺应事物的变化随遇而安，人们无法测知他的底蕴。所以圣人用兵，灭亡了敌国而不失掉民心，恩泽施及万世，并不是出于有意爱人之心。所以，有意与万物相通，就不是圣人；有偏爱，就不是仁人；揣度时势，就不是贤；利害不能相通为一，就不是君子；求名而丧失自己的天性，就不是有学之士；丧身忘性，就不是役使世人的人。例如狐不偕、务光、伯夷、叔齐、箕子、胥余、纪他、申徒狄，都是被别人役使，使别人安适，而不能自己使自己安适的人。

叔 齐

古时候的真人，与人和睦相处但不结成朋党，好像不足却无须承受。他性格坚定却不显得有棱角，胸怀宽广而不浮华；他那舒畅的样子好像非常高兴，一举一动又好像不得已；他那和蔼的样子令人可亲，他那宽厚的样子令人归依；他精神宽广犹如辽阔的世界，高远超迈而不可限量；他沉默不语好像封闭了感觉，心不在焉好像忘记了要说的话。他以刑法为主体，以礼仪为羽翼，以智慧适应时变，以道德为依据。以刑法为主体，就是从容地去杀罚；以礼仪为羽翼，就是顺应世俗行事；以智慧适应时变，就是不得已而随机应变，以道德为依据，就是行事遵循天道。所以，他所喜好的是天人合一，他不喜好的也是天人合一。不管认为天人是否合一，它们都是合一的。认为天人合一就是与自然同类，认为天人不合一就是与人同类。把天和人视为不是相互对立的，这就叫作真人。

【原文】

死生命也，其有夜旦之常[1]，天也。人之有所不得与[2]，皆物之情也。彼特以天为父[3]，而身犹爱之，而况其卓乎[4]？人特以有君为愈乎己[5]，而身犹死之，而况其真乎？

泉涸[6]，鱼相与处于陆，相呴以湿[7]，相濡以沫[8]，不如相忘于江湖。与其誉尧而非桀也，不如两忘而化其道。

夫大块载我以形[9]，劳我以生，佚我以老，息我以死。故善吾生者，乃所以善吾死也。

夫藏舟于壑，藏山于泽，谓之固矣，然而夜半有力者负之而走，昧者不知也。藏大小有宜[10]，犹有所遯[11]。若夫藏天下于天下而不得所遯，是恒物之大情也。特犯人之形而犹喜之[12]，若人之形者，万化而未始有极也，其为乐可胜计邪！故圣人将游于物之所不得遯而皆存。善夭善老[13]，善始善终，人犹效之，又况万物之所系而一化之所待乎[14]！

【注释】

〔1〕旦：白天

〔2〕与：参与，干预。

〔3〕彼：人们。特：仅，只是。

〔4〕卓：卓越，超绝。

〔5〕愈：超过。

〔6〕涸（hé）：水干。

〔7〕呴（xǔ）：吐气。

〔8〕濡（rú）：湿润。

〔9〕大块：天地，自然。

〔10〕有宜：得当，适宜。

〔11〕遯（dùn）：通“遁”，亡失。

〔12〕犯：遇，获得。

〔13〕夭：少。

〔14〕系：从属。一化：一切变化。

【译文】

死生是命，如同日夜交替的永恒变化一样，是自然的规律。有许多事情是人力所无法改变的，这是万物所固有的常情。人们认为天是生命之父，而终身敬仰它，何况那独立超绝的道呢？人们只是认为国君的地位比自己高贵，尚且为之舍身效忠，何况那真君呢？

泉水干了，鱼儿一同困在陆地上，用湿气互相呼吸，用口沫互相湿润，倒不如在江湖里互相忘记。与其赞誉尧而非议桀，不如把两者都忘掉而同化于大道。

天地给我以形体，用生使我劳苦，用衰老使我清闲，用死使我安息。因此，如果以生为乐，也就应该以死为善。

把船藏在山谷中，把山藏在深泽里，应该说是很牢靠了，可是半夜里有一个大力士把山谷和深泽背走了，糊涂人还不知道呢！把小东西藏在大东西里是适宜的，但不免要亡失。若是把天下藏在天下就不会亡失了，这才是事物永恒的至理。仅仅获得了人的形体就那么高兴，而大道能变化出成千上万的像人形一类的东西，无穷无尽，那么这种欢乐岂可计算得清楚！因此，圣人要遨游于物不会失去境地而和大道共存。对于老少生死都乐于安顺的人，人们尚且去效法，何况那万物之根本，一切变化所依赖的道呢！

【原文】

夫道，有情有信[1]，无为无形；可传而不可受，可得而不可见；自本自根[2]，未有天地，自古以固存；神鬼神帝，生天生地；在太极之先而不为高[3]，在六极之下而不为深[4]，先天地生而不为久，长于上古而不为老。豨韦氏得之[5]，以挈天地；伏戏氏得之[6]，以袭气母[7]；维斗得之[8]，终古不忒[9]；日月得之，终古不息；堪坏得之[10]，以袭昆仑[11]；冯夷得之[12]，以游大川；肩吾得之[13]，以处大山[14]；黄帝得之，以登云天；颛顼得之[15]，以处玄宫[16]，禺强得之[17]，立乎北极；西王母得之[18]，坐乎少广[19]，莫知其始，莫知其终；彭祖得之，上及有虞[20]，下及五伯[21]；傅说得之[22]，以相武丁，奄有天下，乘东维，骑箕尾，而比于列星。

【注释】

〔1〕情：实。信：真。

〔2〕自本自根：自为根本。

〔3〕太极：最大的极限。

〔4〕六极：天、地、四方的极限。

〔5〕豨（xī）韦氏：传说中的远古帝王。

〔6〕伏戏氏：即伏羲氏，传说中的远古帝王。

〔7〕袭：调和。气母：阴阳。

〔8〕维斗：北斗星。

〔9〕忒（tè）：差错。

〔10〕堪坏：昆仑山神。

〔11〕袭：入主。

〔12〕冯夷：传说中的河神。

〔13〕肩吾：传说中的泰山神。

〔14〕大（tài）山：泰山。

〔15〕颛顼（zhuān xū）：又名高阳氏，传说中的五帝之一。

〔16〕玄宫：帝宫。

〔17〕禺强：传说中的水神。

〔18〕西王母：传说中的女神。

〔19〕少广：山名。

〔20〕有虞：舜的时代。

〔21〕五伯：即春秋五霸。

〔22〕傅说（yuè）：商代的贤臣，曾辅佐商王武丁治理天下。相传傅说死后，其精神升天，乘骑在东维、箕尾两星之间，与众星并列。

【译文】

道是真实存在的，但它却没有作为没有形迹；道可以心传而不可以授受，可以心得而不可以目见；它自为根本，在没有天地以前就已存在；它生

出了鬼神和天地，生出苍天和大地；它在太极之上而不算高，在六极之下而不算深，先于天地存在而不算久，长于远古而不算老。豨韦氏得到了它，用以提举天地；伏羲得到了它，用以调和阴阳；北斗星得到了它，永远不改变方位；日月得到了它，永远运行不息；堪坏得到了它，用以掌管昆仑；冯夷得到了它，用以游于大川；肩吾得到了它，用以安居泰山；黄帝得到了它，用以登上云天；颛顼得到了它，用以安居玄宫；禺强得到了它，用以立于北极；西王母得到了它，用以坐于少广之山，无人知道它的起始，也无人知道它的终结；彭祖得到了它，可以上及有虞的时代，下及五霸；傅说得到了它，能够辅佐武丁治理天下，乘驾着东维星和箕尾星，而和众星并列。

【原文】

南伯子葵问乎女偊曰[1]："子之年长矣，而色若孺子[2]，何也？"

曰："吾闻道矣。"

南伯子葵曰："道可得学邪？"

曰："恶！恶可！子非其人也。夫卜梁倚有圣人之才而无圣人之道[3]，我有圣人之道而无圣人之才。吾欲以教之，庶几其果为圣人乎[4]！不然，以圣人之道告圣人之才，亦易矣。吾犹守而告之，参日[5]，而后能外天下[6]；已外天下矣，吾又守之七日，而后能外物[7]；已外物矣，吾又守之九日，而后能外生[8]；已外生矣，而后能朝彻[9]；朝彻，而后能见独[10]；见独，而后能无古今[11]；无古今，而后能入于不死不生[12]。杀生者不死，生生者不生。其为物，无不将也[13]，无不迎也；无不毁也，无不成也。其名为撄宁[14]。撄宁也者，撄而后成者也。"

南伯子葵曰"子独恶乎闻之？"

曰："闻诸副墨之子[15]，副墨之子闻诸洛诵之孙[16]，洛诵之孙闻之瞻明[17]，瞻明闻之聂许[18]，聂许闻之需役[19]，需役闻之于讴[20]，于讴闻之玄冥[21]，玄冥闻之参寥[22]，参寥闻之疑始[23]。"

【注释】

〔1〕南伯子葵：即南伯子綦。女偊(yǔ)：庄子虚拟的人物，得道之士。

〔2〕色：容貌。孺子：儿童。

〔3〕卜梁倚：庄子虚拟的人物。

〔4〕庶几：或许。

〔5〕参：同"三"。

〔6〕外天下：把天下置之度外。

〔7〕外物：把一切事物置之度外。

〔8〕外生：把生死置之度外。

〔9〕朝彻：心境豁然开朗。

〔10〕见独：见常人所不见，即领悟大道。

〔11〕无古今：把古今看作没有区别，即不受时空的限制。

〔12〕不死不生：无所谓死，无所谓生。

〔13〕将：送。

〔14〕撄(yīng)：干扰。宁：宁静。

〔15〕副墨：意为文字书册，是庄子按照意思假设的名字，以下八人皆同。

〔16〕洛诵之孙：意为诵读、传诵。

〔17〕瞻明：见识明彻。

〔18〕聂许：心领神会。

〔19〕需役：勤于实践。

〔20〕于讴：讴诵歌谣。

〔21〕玄冥：深远幽寂。

〔22〕参寥：参悟虚寂。

〔23〕疑始：万物之起源。

【译文】

南伯子葵向女偊说："你的年龄很大了，但容貌却如同儿童一般，这是什么缘故呢？"

女偊说："我得道了。"

南伯子葵说："道可以学得到吗？"

女偊说："不！不可以！你不是学道的人。卜梁倚有圣人之才而没有圣人之道，我有圣人之道而没有圣人之才。我想用圣人之道教他，或许他可以成为圣人了吧！不然的话，将圣人之道告诉有圣人之才的人，也是容易领悟的。我还是坚持告诉他，3天之后能将天下置之度外；已经将天下置之度外了，我又坚持了7天，可以将一切事物置之度外；已经把一切事物置之度外了，我又坚持了9天，可以将生死置之度外了，心境就能豁然开朗；心境已经豁然开朗，就能够真正领悟到大道；领悟到大道，就可以不受时空的限制；不受时空的限制，就无所谓生死。对于决定命运的主宰者来说，它本身是没有生与死的问题的。道对于万物，无不一面相送，无不一面相迎；无不毁坏，无不生成。这就叫作'撄宁'。所谓'撄宁'，就是在复杂纷纭的变化中不受干扰而保持宁静自如的心境。"

南伯子葵说："你从哪里得来的道呢？"

女偊说："我是从副墨的儿子那里得来的，副墨的儿子是从诵读的孙子那里得来的，诵读的孙子是从明彻那里得来的，明彻是从心得那里得来的，心得是从实行那里得来的，实行是从歌吟那里得来的，歌吟是从静默那里得来的，静默是从高而旷达那里得来的，高而旷达是从物源那里得来的。"

【原文】

子祀、子舆、子犁、子来四人相与语曰[1]："孰能以无为首，以生为脊，以死为尻[2]，孰知生死存亡之一体者，吾与之友矣。"四人相视而笑，莫逆于心[3]，遂相与为友。

俄而，子舆有病，子祀往问之。曰："伟哉！夫造物者将以予为此拘拘也。"曲偻发背[4]，上有五管[5]，颐隐于齐[6]，肩高于顶，句赘指天[7]，阴阳之气有沴[8]，其心闲而无事，跰𨇤而鉴于井[9]，曰："嗟乎！夫造物者又将以予为此拘拘也。"

子祀曰："汝恶之乎[10]？"

曰："亡[11]！予何恶？浸假而化予之左臂以为鸡[12]，予因以求时夜；浸假而化予之右臂以为弹，予因以求鸮炙[13]；浸假而化予之尻以为轮[14]，以神为马，予因以乘之，岂更驾哉[15]！且夫得者时也，失者顺也，安时而处顺，哀乐不能入也。此古之所谓县解也。而不能自解者，物有结之。且夫物不胜天久矣，吾又何恶焉？"

俄而，子来有病，喘喘然将死。其妻子环而泣之。子犁往问之，曰："叱！避！无怛化[16]！"倚其户与之语曰[17]："伟哉造物！又将奚以汝为？将奚以汝适？以汝为鼠肝乎？以汝为虫臂乎？"

子来曰："父母于子，东西南北，唯命之从。阴阳于人，不翅于父母[18]，彼近吾死而我不听[19]，我则悍矣，彼何罪焉？夫大块载我以形，劳我以生，佚我以老，息我以死。故善吾生者，乃所以善吾死也。今之大冶铸金[20]，金踊跃曰：'我且必为镆铘[21]！'大冶必以为不祥之金。今一犯人之形而曰：'人耳[22]！人耳！'夫造化者必以为不祥之人。今一以天地为大炉，以造化为大冶，恶乎往而不可哉！"成然寐，蘧然觉。

【注释】

〔1〕子祀、子舆、子犁、子来：庄子虚拟的四个人物。

〔2〕尻（kāo）：屁股。

〔3〕莫逆于心：都觉得顺心。

〔4〕曲偻（lóu）：鸡胸驼背。发背：弯腰驼背。

〔5〕五管：五脏脉管。

〔6〕齐：通"脐"，肚脐。

〔7〕句赘（jù zhuì）：颈椎。

〔8〕沴（lì）：错乱。

〔9〕跰𨇤（pián xiān）：步履蹒跚。

〔10〕恶（wù）：厌恶。

〔11〕亡：无，不。
〔12〕浸假：假使。
〔13〕鸮炙：鸮鸟的烤肉。
〔14〕轮：指车。
〔15〕更驾：另求车马。
〔16〕怛(dá)：惊恐。
〔17〕倚：靠。户：门。
〔18〕不翅于：无异于。
〔19〕近吾死：使我近死。
〔20〕冶：铁匠。金：铁。
〔21〕镆铘(mò yé)：良剑名。
〔22〕人耳：我是人。

【译文】

子祀、子舆、子犁、子来四个人相互交谈说："谁能够把无当作头，把生当作脊梁，把死当作屁股，谁能知道生死存亡是一体的，我们就和他交朋友。"四个人相视而笑，心心相印，于是就结为朋友。

不久，子舆生了病，子祀去探望他。子舆说："伟大啊！造物者，竟然把我变成了这个样子。"子舆弯腰驼背，五脏的脉管朝上，面颊藏在肚脐下，肩膀高过头顶，颈椎直指天空，阴阳二气错乱不和。但他却心情安闲若无其事，步履蹒跚地走到井边，照了照自己的影子说："哎呀！造物者又把我变成了这个样子。"

子祀说："你厌恶吗？"

子舆说："不！我为什么厌恶？假使把我的左臂变成鸡，我就用它来打鸣报晓；假使把我的右臂变成弹丸，我就用它打鸮鸟烤了吃；假使把我的屁股变成车，把我的精神变成马，我就乘坐着它，哪里还用得着另外去寻求车马呢！而且，得生是时机，死去是顺应，安于时机而顺应变化，就不会受哀乐之情的影响。这就是古时候所说的解除束缚。那些不能自求解脱的人，是因为被外物束缚住了。人不能胜天由来已久，我又有什么厌恶的呢？"

不久子来生了病，气喘吁吁将要死了。他的妻子围着他哭泣。子犁前去探望，对子来的妻子说："去！躲开！不要惊恐于生死的变化！"他靠着门对子来说："伟大啊！造化者，又要把你变成什么呢？要让你到什么地方去呢？要把你变成鼠肝吗？要把你变成虫子的臂膀吗？"

子来说："儿子对于父母，无论是东西南北，都要惟命是从。阴阳对于人，无异于父母，它要我死而我不听从，我就大逆不顺了，它有什么罪过呢？天地给我形体，用生使我劳苦，用老使我清闲，用死使我安息。所以以生为善的，也应该以死为善。现在有一个铁匠铸铁造物，铁跳起来说：‘一定要把我铸造成镆铘宝剑！’铁匠必定会认为这是块不吉祥的铁。现在偶然成了人的形状，就喊着：‘我是人！我是人！’造化者必定会认为这是不吉祥的人。现在就把天地视为大熔炉，把造化者视为铁匠，去哪里而不可呢！”子来说完后酣然睡去，又自在地醒来。

【原文】

子桑户、孟子反、子琴张三人相与友[1]，曰：“孰能相与于无相与[2]，相为于无相为[3]？孰能登天游雾，挠挑无极[4]，相忘以生，无所终穷？”三人相视而笑，莫逆于心，遂相与为友。

莫然有间[5]，而子桑户死，未葬。孔子闻之，使子贡往侍事焉[6]。或编曲，或鼓琴，相和而歌曰：“嗟来桑户乎！嗟来桑户乎！而已反其真[7]，而我犹为人猗！”

子贡趋而进曰：“敢问临尸而歌，礼乎？”

二人相视而笑曰[8]：“是恶知礼意！”

子贡反，以告孔子曰：“彼何人者邪？修行无有而外其形骸[9]，临尸而歌，颜色不变，无以命之[10]。彼何人者邪？”

孔子曰：“彼游方之外者也[11]，而丘游方之内者也。外内不相及，而丘使女往吊之，丘则陋矣！彼方且与造物者为人[12]，而游于天地之一气。彼以生为附赘悬疣[13]，以死为决疣溃痈[14]。夫若然者，又恶知死生先后之所在！假于异物，托于同体；忘其肝胆，遗其耳目；反覆终始，不知端倪；芒然彷徨于尘垢之外[15]，逍遥乎无为之业[16]。彼又恶能愦愦然为世俗之礼[17]，以观众人之耳目哉！”

子贡曰：“然则夫子何方之依？”

孔子曰："丘，天之戮民也[18]。虽然，吾与汝共之。"

子贡曰："敢问其方？"

孔子曰："鱼相造乎水[19]，人相造乎道。相造乎水者，穿池而养给；相造乎道者，无事而生定[20]。故曰：鱼相忘乎江湖，人相忘乎道术。"

子贡曰："敢问畸人[21]？"

曰："畸人者，畸于人而侔于天[22]。故曰：天之小人，人之君子；人之君子，天之小人也。"

【注释】

〔1〕子桑户、孟子反、子琴张：庄子虚拟的三个人物。

〔2〕相与于无相与：相交在无所谓相交的关系中。

〔3〕为：帮助。

〔4〕挠挑：跳跃。

〔5〕莫然：平静。有间：不久。

〔6〕侍事：助理丧事。

〔7〕反其真：归本返真。

〔8〕二人：此指孟子反、子琴张。

〔9〕外其形骸：把形骸置之度外。

〔10〕无以命之：无法形容。

〔11〕游方之外：超脱于现实世界。

〔12〕为人：为偶。

〔13〕附赘悬疣：长在身上的肉瘤毒疮。

〔14〕疣（yóu）、痈（yōng）：毒疮之类。

〔15〕尘垢：尘世。

〔16〕业：事。

〔17〕愦愦（kuì）：糊涂昏乱。

〔18〕戮民：受惩罚的人。

〔19〕相造：适宜。

〔20〕生：通性。

〔21〕畸人：不正常的人。指不合于俗的人。

〔22〕侔（móu）于天：与天齐一。

【译文】

子桑户、孟子反、子琴张三个人相互交谈说："谁能够相交于无所谓相交之中，互相帮助于相帮助之中？谁能够登天游雾，跳跃于无极之中，忘记了生死，而没有穷极？"三个人相视而笑，心心相印，于是就结为朋友。

子 贡

不久，子桑户死了，尚未安葬。孔子听说了，就叫子贡去助理丧事。子贡前去，看到孟子反和子琴张一个在编曲，一个在弹琴，他们合唱道："哎呀，桑户啊！哎呀，桑户啊！你已经归本返真了，而我们还生存在人间啊！"

子贡上前问："请问对着尸体歌唱，合乎礼吗？"

他们相视而笑，说："你哪里知道礼的意义呢？"

子贡回去后，将其所见告诉孔子，说："他们是什么人呢？不讲修行而把形骸置之度外，对着尸体唱歌，面不改色，真是莫名其妙。他们是什么人呢？"

孔子说："他们是游于方域之外的人，而我是游于方域之内的人。方域之外和方域之内彼此不相干，而我让你前去吊唁，这是我的浅陋了。他们和造物者为友，遨游于天地之间，同气合为一体。他们把生视为身体的赘瘤，把死视为溃烂的毒疮。像这个样子，又哪里知道死生先后的区别呢！依靠各种不同的物质，聚合成一个形体；遗忘了肝胆，遗忘了耳目；视生死变化如循环反复没有始终；茫茫然徘徊于尘世外，逍遥于无所为的事业之中。他们又怎么能糊涂昏乱地拘泥于世俗之礼，以表演给众人观看呢！"

子贡说："那么您是依从哪一方呢？"

孔子说："我是受天惩罚的人。尽管如此，我愿意和你共同追求方外之道。"

子贡说："请问有什么方外的道术？"

孔子说："鱼适宜于水，人适宜于道。适宜于水的，挖掘水池来供养；适宜于道的，安然无事就天性自得。所以说：鱼游于江湖就忘记一切而自由快活，人游于道术就忘记一切而逍遥自在。"

子贡说："请问那些不合于俗的异人是什么样的人？"

孔子说："畸人就是不同于世俗之人而效法自然。所以说：自然中的小人乃是人间的君子，人间的君子乃是自然中的小人。"

【原文】

颜回问仲尼曰："孟孙才[1]，其母死，哭泣无涕，中心不戚[2]，居丧不哀。无是三者，以善处丧盖鲁国[3]。固有无其实而得其名者乎？回壹怪之。"

仲尼曰："夫孟孙氏尽之矣，进于知矣[4]。唯简之而不得，夫已有所简矣。孟孙氏不知所以生，不知所以死，不知就先，不知就后，若化为物，以待其所不知之化已乎！且方将化，恶知不化哉？方将不化，恶知已化哉？吾特与汝，其梦未始觉者邪！且彼有骇形而无损心[5]，有旦宅而无情死[6]。孟孙氏特觉[7]，人哭亦哭，是自其所以乃[8]。且也相与吾之耳矣，庸讵知吾所谓吾之乎？且汝梦为鸟而厉乎天[9]，梦为鱼而没于渊[10]，不识今之言者，其觉者乎？其梦者乎？造适不及笑[11]，献笑不及排[12]，安排而去化[13]，乃入于寥天一[14]。"

【注释】

〔1〕孟孙才：鲁国人。

〔2〕中心：心中。戚：忧伤。

〔3〕盖：闻名。

〔4〕进：超过。

〔5〕骇形：形体发生变化。损心：心神损伤。

〔6〕旦宅：躯体转化。情死：精神死亡。

〔7〕特觉：特别清醒。

〔8〕乃：犹言"那样"，"如此"。

〔9〕厉：同"戾"（lì）。

〔10〕没：深入。

〔11〕造适不及笑：遇到适意的事情来不及笑。

〔12〕排：流露。

〔13〕安排而去化：任听自然的安排而顺应变化。

〔14〕乃入于寥天一：于是就进入了与寥廓无涯的天道同一的境界。

【译文】

颜回问孔子说："孟孙才的母亲死了，他哭泣没有眼泪，心中不忧伤，居丧不悲哀。三种哀痛和表示他一种也没有，竟然还以善于居丧闻名于鲁国。怎么有无其实而得到虚名的呢？我觉得很奇怪。"

孔子说："孟孙氏已经尽了居丧之道，而且他还超过了那些所谓懂得丧礼的。丧事本应简化，只是世俗难以做到，然而他已经有所简化了。孟孙氏不知道什么是生，不知道什么是死，不知道迷恋生前，不知道惦念死后，他把生死视为物的变化，以应付那不可知的变化而已！将要变化，怎么能知道那不变化的情形呢？将不变化，又怎么能知道那已经变化的情形呢？我和你都是在做梦还没有觉醒啊！孟孙氏有形体的变化而没有心神的损伤，有躯体的转化而没有精神的死亡。孟孙氏特别清醒，别人哭他也随着哭，这就是他所以那个样子的原因。世人互相称说这是我，其实哪里能够确知就真的是我呢！比如你梦做鸟在高空飞翔，梦做鱼在深渊遨游，而现在在这里和我交谈的你，不知是醒着呢，还是在做梦呢？遇到适意的事情来不及笑，真正从内心发出的笑声事先未曾流露出来，听任自然的安排而顺应变化，就可以进入与寥廓无涯的天道同一的境界。"

【原文】

意而子见许由[1]。许由曰："尧何以资汝[2]？"

意而子曰："尧谓我：'汝必躬服仁义而明言是非。'"

许由曰："而奚来为轵[3]？夫尧既已黥汝以仁义[4]，而劓汝以是非矣[5]，汝将何以游夫遥荡恣睢转徙之涂乎[6]？"

意而子曰："虽然，吾愿游于其藩[7]。"

许由曰："不然。夫盲者无以与乎眉目颜色之好，瞽者无以与乎青黄黼黻之观[8]。"

意而子曰："夫无庄之失其美[9]，据梁之失其力[10]，黄帝之亡其知，皆在炉捶之间耳[11]。庸讵知夫造物者之不息我黥而补我劓[12]，使我乘成以随先生邪[13]？”

许由曰：“噫！未可知也。我为汝言其大略：吾师乎！吾师乎！𩐙万物而不为义[14]，泽及万世而不为仁，长于上古而不为老，覆载天地、刻雕众形而不为巧。此所游已。”

【注释】

〔1〕意而子：庄子虚拟的人物。

〔2〕资：帮助。

〔3〕轵：通“只”，句尾助词。

〔4〕黥（qíng）：古代一种刑罚，用刀刺刻犯人的额颊并涂上墨。

〔5〕劓（yì）：割鼻子，古代一种刑罚。

〔6〕恣睢：放纵。转徙：变迁。

〔7〕藩：领域，境界。

〔8〕黼黻（fǔ fú）：古代礼服上绣的花纹。

〔9〕无庄：古代美人名。

〔10〕据梁：古代大力士的名字。

〔11〕炉捶：陶冶锻炼。

〔12〕息我黥：养好。

〔13〕乘成：载着完整的躯体。

〔14〕𩐙（jī）：调和。

【译文】

意而子拜见许由。许由说：“尧用什么教导你呢？”

意而子说：“尧对我说：‘你一定要实行仁义而明辨是非。’”

许由说：“你为什么还到这里来？尧既然用仁义给你施行了墨刑，用是非给你施行了劓刑，你怎么能够逍遥自在地游于变化的境界呢？”

意而子说：“即使这样，我还是希望游于这个境界之中。”

许由说：“不行。盲人无从欣赏眉目颜色的姣好，

瞎子无从欣赏彩色锦绣的华丽。”

意而子说：“无庄忘掉自己的美丽，据梁忘掉自己的力气，黄帝忘掉自己的智慧，都是陶冶锻炼成的。怎么知道造物者不会养好我遭受墨刑的伤痕，修补我遭受劓刑的残缺，使我以完整的躯体追随先生呢？”

许由说：“咦！这是不可知的。不过我可以给你说个大略：我的大宗师啊！我的大宗师啊！调和万物而不是为了义，恩泽及于万世而不是为了仁，长于上古而不算老，覆载天地、雕刻众物的形象而不是为了显示技巧。这就是逍遥游的境界啊！”

【原文】

颜回曰：“回益矣〔1〕。”

仲尼曰：“何谓也？”

曰：“回忘仁义矣。”

曰：“可矣，犹未也〔2〕。”

他日复见，曰：“回益矣。”

曰：“何谓也？”

曰：“回忘礼乐矣。”

曰：“可矣，犹未也。”

他日复见，曰：“回益矣。”

曰：“何谓也？”

曰：“回坐忘矣。”

仲尼蹴然曰〔3〕：“何谓坐忘？”

颜回曰：“堕肢体，黜聪明，离形去知〔4〕，同于大通〔5〕，此谓坐忘。”

仲尼曰：“同则无好也〔6〕，化则无常也〔7〕。而果其贤乎！丘也请从而后也〔8〕。”

【注释】

〔1〕益：进步。

〔2〕未：不够。

〔3〕蹴（cù）：吃惊。

〔4〕离形：离开躯体。去知：除去心智。

〔5〕大通：大道。

〔6〕好：偏好。

〔7〕常：执首。

〔8〕请从而后：愿步你的后尘。

【译文】

颜回说："我进步了。"

孔子说："何以见得呢？"

颜回说："我忘掉仁义了。"

孔子说："很好，但还不够。"

过了几天，颜回又见孔子，说："我进步了。"

孔子说："何以见得呢？"

颜回说："我忘掉礼乐了。"

孔子说："很好，但还不够。"

过了几天，颜回又见孔子，说："我进步了。"

孔子说："何以见得呢？"

颜回说："我能坐忘了。"

孔子吃惊地说："什么叫坐忘？"

颜回说："遗忘自己的肢体，抛弃自己的智慧，离开躯体而除去心智，和大道融为一体，这就叫坐忘。"

孔子说："和万物融通就没有偏好，顺应万物的变化就不会偏执。你果然是贤人啊！我愿意追随着你。"

【原文】

子舆与子桑友。而霖雨十日〔1〕，子舆曰："子桑殆病矣〔2〕！"裹饭而往食之。至子桑之门，则若歌若哭，鼓琴曰："父邪！母邪！天乎！人乎！"有不任其声而趋举其诗焉〔3〕。

子舆入，曰："子之歌诗，何故若是？"

曰："吾思乎使我至此极者而弗得也。父母岂欲吾贫哉？天无私覆，地无私载，天地岂私贫我哉？求其为之者而不得也。然而至此极者，命也夫！"

【注释】

〔1〕霖雨：连绵大雨。

〔2〕殆：大概。

〔3〕不任其声：声音微弱。趋举其诗：诗句急促，不成调子。

【译文】

子舆和子桑是好朋友。大雨一连下了10天，子舆说："子桑大概要饿病了吧！"于是就带着饭去送给他吃，走到子桑的门口，听到里边又像唱歌又像哭泣，听见他弹着琴唱道："父亲啊！母亲啊！天啊！人啊！"那声音微弱急促。

子舆走进门去，问道："你唱歌为什么这种调子？"

子桑说："我正在想使我贫困到这般地步的原因，然而不得其解。难道父母愿意要我贫困吗？天无私地覆盖着一切，地无私地承载着一切，天地岂能让我贫困到这般地步？使我贫困的原因实在找不出来！然而我却落到这般地步，这是由于命吧！"

【赏析】

宗师本指在学术上或思想上受人尊崇而可奉为一代楷模的人，而本篇的"宗师"，指的则是大自然。所谓"大宗师"即尊大自然为老师，探讨的主旨是"道"和"道体"。这些哲学命题包括了庄子"天人合一"的自然观、"死生一如"的人生观、"安于所化"的人生态度和"相忘"的生活境界等。

庄子的哲学，深奥玄妙，复杂难懂，甚至和主流哲学相冲突，但依然对我们的生活和人生富有指导意义。当代社会科技发展迅猛，精神文明的建设却很滞后！很多人已经吃惯了各种"快餐"，都体现出一些亚健康的症状，强迫症就是众多疾病里面的一种。骄傲文明的现代人在面对一日暴贫、一夜暴富的巨大颠倒时，少的是从容，多的是焦虑；在面对转瞬的成败、生死时也都表现出生命不可承受之重的状态。表现在工作中，便是恐惧不安，怕本属于自己的被夺走，怕自己奋力追求的又得不到，说自己整天像惊弓之鸟有些夸张，但是生活得确实很紧张。

什么是幸福？富贵了不一定不幸福，贫穷了也不一定幸福，评判幸福的标准不是物质而是心境！只有使自己的心灵摆脱了尘世间纷纭的束缚时，才会生活得更加洒脱！富贵于我如浮云，生老病死也是自然变化的必然现象，既然如此，我们为何不随遇而安？为何不能看透一切？

应 帝 王

【原文】

啮缺问于王倪，四问而四不知。啮缺因跃而大喜，行以告蒲衣子[1]。蒲衣子曰："而乃今知之乎[2]？有虞氏不及泰氏[3]。有虞氏其犹藏仁以要人[4]，亦得人矣[5]，而未始出于非人[6]。泰氏其卧徐徐[7]，其觉于于[8]。一以己为马，一以己为牛。其知情信，其德甚真，而未始入于非人。"

【注释】

〔1〕蒲衣子：庄子虚拟的人物。

〔2〕而：你。

〔3〕泰氏：传说时代的帝王。

〔4〕藏仁：心怀仁义。要（yāo）：笼络。

〔5〕得人：得人心。

〔6〕未始出于非人：从来没有超脱出外物的牵累。

〔7〕徐徐：安闲自得的样子。

〔8〕于于：逍遥自在的样子。

【译文】

啮缺问王倪，问了四次王倪都回答说不知道。啮缺因此而高兴得跳了起来，跑去告诉蒲衣子。蒲衣子说："你现在知道了吗？有虞氏不如泰氏。有虞氏还心怀仁义以笼络人心，虽然他也能得人心，但是从来没有超脱出外物的牵累。泰氏睡觉时安闲自得，醒来时逍遥自在，任人家把自己称作马，任人家把自己称作牛。他的知见信实，他的德行真实，而从来没有受过外物的牵累。"

【原文】

肩吾见狂接舆。狂接舆曰："日中始何以语女[1]？"肩吾曰："告我：君人者以己出经式义度[2]，人孰敢不听而化诸[3]？”

狂接舆曰：“是欺德也[4]。其于治天下也，犹涉海凿河而使蚊负山也。夫圣人之治也，治外乎？正而后行[5]，确乎能其事者而已矣[6]。且鸟高飞以避矰弋之害[7]，鼷鼠深穴乎神丘之下以避熏凿之患[8]，而曾二虫之无知？”

【注释】

〔1〕日中始：庄子虚拟的人物。

〔2〕君人者：国君。出：公布。经式义度：法度。

〔3〕化：感化。

〔4〕欺德：虚伪的道德。

〔5〕正而后行：先正自己而后感化别人。

〔6〕能其事：各尽所能。

〔7〕矰（zēng）：用丝绳系住射飞鸟的短箭。弋（yì）：弋射，用绳系住箭来射。

〔8〕神丘：社坛。

【译文】

肩吾拜见接舆。接舆问：“日中始对你说了些什么？”

肩吾说：“他告诉我：国君凭自己的意志制定颁布法度，人民谁敢不听从而被感化呢？”

接舆说：“这是虚伪的道德。这样治理天下，就如同在大海里凿河，让蚊虫负山一样。圣人治理天下是用法度治外表吗？圣人是先正自己而后感化别人，使人们各尽其所能罢了。鸟尚且知道高飞以躲避弓箭的伤害，鼷鼠尚且知道深藏于社坛底下以避开烟熏和铲掘的灾祸，难道人还不如这两种动物吗？”

【原文】

天根游于殷阳[1]，至蓼水之上[2]，适遭无名人而问焉[3]，曰：“请问为天下[4]。”

无名人曰：“去！汝鄙人也，何问之不豫也[5]？予方将与造物者为人[6]，厌则又乘夫莽眇之鸟[7]，以出六极之外，而游无何有之乡，以处圹埌之野[8]。汝又何帠以治天下感予之心为[9]？”

又复问。

无名人曰：“汝游心于淡，合气于漠，顺物自然而无容私焉[10]，而天下治矣。”

【注释】

〔1〕天根：庄子虚拟的人物。殷阳：殷山之南。

〔2〕蓼（liǎo）水：水名。

〔3〕适遭：恰巧碰到。无名人：庄子虚拟的人物。

〔4〕为：治理。

〔5〕豫：喜欢。

〔6〕方将：正在。

〔7〕厌：厌烦。莽眇：虚无缥缈。

〔8〕圹埌（làng）：圹，同“旷”，与“埌”同义。空荡辽阔。

〔9〕帠（yì）：梦话。感：惑乱。

〔10〕容：夹杂。私：私心，成见。

【译文】

天根游于殷阳，走到蓼水的上游，恰巧遇到无名人，他问无名人说：“请问治理天下的方法。”

无名人说：“去！你真是个鄙陋的人，为什么要问使人讨厌的问题呢？我正在和造物者伴游，厌烦了就乘着虚无缥缈之鸟，飞出天地四方之外，遨游于无何有之乡，安处于广阔无际的旷野。你为什么要用治理天下这样的梦话来扰乱我的心呢？”

天根又问。

无名人说：“你游心于恬淡之境，清静无为，顺应事物的自然本性而不夹杂私心成见，天下就可治理好了。”

【原文】

阳子居见老聃[1]，曰：“有人于此，向疾强梁[2]，物彻疏明[3]，学道不勌[4]。如是者，可比明王乎[5]？”

老聃曰：“是於圣人也[6]！胥易技系[7]，劳形怵心者也[8]。且也虎豹之文来田[9]，猨狙之便来藉[10]。

如是者，可比明王乎？”

阳子居蹴然曰：“敢问明王之治？”

老聃曰：“明王之治，功盖天下而似不自己[11]，化贷万物而民弗恃[12]，有莫举名[13]，使物自喜，立乎不测，而游于无有者也。”

【注释】

〔1〕阳子居：姓阳名朱，字子居。

〔2〕向疾强梁：敏捷而刚强。

〔3〕物彻疏明：对事物的认识深刻清楚。

〔4〕勌：同“倦”。

〔5〕明王：英明的君主。

〔6〕於：何，哪能。

〔7〕胥易技系：有才智的小吏治事为其技能所系累。

〔8〕怵心：忧心，惊心。

〔9〕文：花纹。田：打猎。

〔10〕便：敏捷。藉：系缚。

〔11〕不自己：不归功于自己。

〔12〕化：教化。贷：施。

〔13〕举：称说。名：形容。

【译文】

阳子居拜见老子，说：“有这样一个人，他敏捷而刚强，认识事物深刻清楚，学道精勤不倦。这样可以和明王相比吗？”

老子说：“这怎么能和圣人相比呢！胥吏治事为其技能所累，劳苦形骸而惊扰心神。而且，虎豹因为皮毛华丽而招人猎杀，猿猴因为敏捷而被人捉到拴住。这样可以和明王相比吗？”

阳子居惭愧地说：“请问明王是怎样治理天下的？”

老子说：“明王治理天下，功盖天下而不归功于自己，教化施及万物而人民却不觉得有所依赖，他虽有功德却不能用名称说出来，他使万物各得其所，而自己立于高深莫测的地位，游于虚无缥缈的境界。”

老 子

【原文】

郑有神巫曰季咸，知人之死生存亡、祸福寿夭，期以岁月旬日[1]，若神[2]。郑人见之，皆弃而走。列子见之而心醉，归，以告壶子[3]，曰："始吾以夫子之道为至矣，则又有至焉者矣。"

壶子曰："吾与汝既其文[4]，未既其实，而固得道与？众雌而无雄，而又奚卵焉！而以道与世亢[5]，必信，夫故使人得而相汝[6]。尝试与来[7]，以予示之。"

明日，列子与之见壶子。出而谓列子曰："嘻！子之先生死矣！弗活矣！不以旬数矣！吾见怪焉，见湿灰焉[8]。"

列子入，泣涕沾襟以告壶子。壶子曰："乡吾示之以地文[9]，萌乎不震不止[10]，是殆见吾杜德机也[11]。尝又与来。"

明日，又与之见壶子。出而谓列子曰："幸矣！子之先生遇我也，有瘳矣[12]！全然有生矣！吾见其杜权矣[13]！"

列子入，以告壶子。壶子曰："乡吾示之以天壤[14]，名实不入，而机发于踵。是殆见吾善者机也[15]。尝又与来。"

明日，又与之见壶子。出而谓列子曰："子之先生不齐[16]，吾无得而相焉。试齐，且复相之。"

列子入，以告壶子。壶子曰："吾乡示之以太冲莫胜[17]，是殆见吾衡气机也[18]。鲵桓之审为渊[19]，止水之审为渊，流水之审为渊。渊有九名[20]，此处三焉。尝又与来。"

明日，又与之见壶子。立未定，自失而走。壶子曰："追之！"列子追之不及，反，以报壶子曰："已灭矣，已失矣，吾弗及也。"

壶子曰："乡吾示之以未始出吾宗[21]。吾与之虚而委蛇[22]，不知其谁何[23]，因以为弟靡[24]，因以为波流，故逃也。”

然后列子自以为未始学而归，三年不出，为其妻爨[25]，食豕如食人，于事无与亲[26]，雕琢复朴[27]，块然独以其形立[28]，纷而封哉[29]，一以是终[30]。

【注释】

〔1〕期：预言。

〔2〕若神：像神一样灵验。

〔3〕壶子：列子的老师。

〔4〕与：传授。既：尽。文：表面。

〔5〕亢：通“抗”，抗衡，较量。

〔6〕相：相面。

〔7〕与来：带来。

〔8〕湿灰：喻毫无生气。

〔9〕乡（xiàng）：刚才，过去。地文：大地阴静的气象。

〔10〕萌：昏昧。不震不止：不动不止。

〔11〕杜德机：杜塞生机。

〔12〕瘳（chōu）：病愈。

〔13〕杜权：闭塞中有转机。

〔14〕天壤：天地间生气。

〔15〕善者机：生机。

〔16〕齐：通“斋”，斋戒。

〔17〕太冲：阴阳二气调和。

〔18〕衡气机：阴阳二气平衡。

〔19〕桓：盘旋，徘徊。

〔20〕渊有九名：《列子·黄帝篇》：“鲵旋之潘为渊，止水之潘为渊，流水之潘为渊，滥水之潘为渊，沃水之潘为渊，氿水之潘为渊，雍水之潘为渊，汧水之潘为渊，肥水之潘为渊，是为九渊焉。”

〔21〕未始出吾宗：未曾出乎我的根本大道。

〔22〕委蛇（wēi yí）：顺其自然。

〔23〕不知其谁何：不知道我是怎么回事。

〔24〕弟靡：稊靡，茅草，草芥。

〔25〕爨（cuàn）：烧火煮饭。

〔26〕无与亲：漠不关心。

〔27〕雕琢复朴：去雕琢而复归于朴。

〔28〕块然：像土块一样，意即无知无识。

〔29〕纷而封哉：在纷纭的世事中持守真朴。

〔30〕一以是终：一直以此终生。

【译文】

郑国有一个神巫，名叫季咸，能够占算人的生死存亡、祸福寿夭，所预言的年、月、旬、日，准确如神。郑国的人见了他，都惊慌地逃走。列子见了他为之心醉，回来告诉壶子说："原先以为先生的道术是高深了，现在才知道还有更高深的。"

壶子说："我教给你的只是表面的东西，没有向你传授内在的实质，你就以为得道了吗？一群雌鸟而没有雄鸟，又怎么能生出传代的卵呢！你以表面的道去和世人周旋，偏听妄信，因而被人家窥测到了底细。你把他请来，给我相相面。"

第二天，列子邀季咸去见壶子。季咸出来对列子说："唉！你的先生将要死了！不能活了！过不了10天！我看他气色怪异，生机全无。"

列子进去，痛哭流涕地把季咸的话告诉了壶子。壶子说："刚才我显示给他看的是阴胜阳之态，隐藏了生机，不动不止，因而他只看见我堵塞了生机。你再请他来看。"

第二天，列子又邀季咸去见壶子。季咸出来对列子说："幸运啊！你的先生遇见了我，有好的希望了！全然有生气了！我看见他闭塞的生机开始活动了！"

列子进去告诉了壶子。壶子说："我刚才给他看的是阳胜阴之态，没有夹杂虚名实利，一线生机从脚根升起。他大概看到了我这点生机。你再请他来看看。"

列　子

第二天，列子又邀季咸去见壶子。季咸出来对列子说："你的先生没有斋戒，我无法给他相面。请他斋戒了，再给他看相。"

列子进去告诉了壶子。壶子说："我刚才给他看的是阴阳二气调和之态，他大概看到了我阴阳二气的平衡。鲵鱼盘旋之处成为渊，止水之处成为渊，流水之处成为渊。渊有9种，我给他看的只有3种。你再请他来看看。"

第二天，列子又邀季咸去见壶子。季咸进去还没有站定，就惊慌失色地逃走了。壶子说："追上他！"列子没有追上，回来告诉壶子说："不见踪影了，已经跑掉了，我追不上他。"

壶子说："我刚才给他看的是虚无之态，未曾出乎我的根本大道。我和他随顺应变，他摸不着头脑，就像狂风吹起的草芥，激流中的浮萍一样不知如何是好，所以就逃走了。"

列子这才知道自己没有学到什么，回到家中，三年闭门不出，替妻子烧火煮饭，喂猪就如同侍奉人一般，对世事毫不关心，弃浮华而归真朴，漠然独立于尘世之外，在纷纭的世界中持守虚静，如此终生。

【原文】

无为名尸〔1〕，无为谋府〔2〕，无为事任〔3〕，无为知主〔4〕。体尽无穷〔5〕，而游无朕〔6〕，尽其所受乎天〔7〕，而无见得，亦虚而已。至人之用心若镜，不将不迎，应而不藏，故能胜物而不伤。

【注释】

〔1〕无为名尸：不为名之主。

〔2〕谋府：智囊。

〔3〕事任：承担责任。

〔4〕知主：智慧的主宰者。

〔5〕体尽无穷：体悟无穷的大道。

〔6〕朕（zhèn）：迹。

〔7〕尽其所受乎天：承受自然的本性。

【译文】

不要追求名声，不要做出谋划策的智囊，不要承担什么责任，不要当智慧的主宰者。体悟无穷的大道，游心于无踪迹的境界，享受天所给的一切，而不要以为有什么所得，这也不过是虚无罢了。至人的用心如同镜子一般，对物的来去不迎不送，客观地反应而不加隐藏，所以能够胜物而不被物伤害。

【原文】

南海之帝为儵〔1〕，北海之帝为忽，中央之帝为浑沌。儵与忽时相与遇于浑沌之地，浑沌待之甚善。儵与忽谋报浑沌之德〔2〕，曰："人皆有七窍〔3〕，以视听食息，此独无有，尝试凿之。"日凿一窍，七日而浑沌死。

【注释】

〔1〕儵(shū)：与下文的忽、浑沌，都是庄子杜撰的寓言人物。

〔2〕谋报：筹谋报答。德：恩德。

〔3〕七窍：指一口、两耳、两目、两鼻孔。

【译文】

南海的帝王名叫儵，北海的帝王名叫忽，中央的帝王名叫浑沌。儵和忽常常到浑沌的领地内相会，浑沌待他们很好。儵和忽筹谋报答浑沌的恩德，说："人都有七窍，用来看、听、饮食、呼吸，惟独浑沌没有，我们试着给他凿开窍。"于是一天凿一窍，到了第7天浑沌就死了。

【赏析】

"帝王"本为人间之最高统治者，而本篇中的"帝王"指的则是大自然，所谓"应帝王"的意思就是顺应大自然，以大自然为帝王。庄子在本文讨论的主旨是他的政治哲学，他主张无为而治，认为为政之道在于顺乎大自然的规律，与大自然相合融一，顺随万物之自然规律，心中无偏无私，天下就会大治。

这些帝王之术虽然是讲给统治者听的，但是读过此篇的普通读者一定会对篇末的那则寓言进行思考：浑沌一开始好好的，为什么当倏忽二帝为其凿出七窍人道时就死了呢？"有为"还不如"不为"吗？答案是肯定的！因为浑沌本身便是真朴，一旦被"有为"破坏了，便失去了先天本性，生命也就结束了。

经典书籍总有异曲同工之妙，这则寓言又让我想起了王安石的《伤仲永》。仲永天生聪颖，七岁"指物作诗立就"，其父每日携其拜访社会上的众多名士，不使其学习，最后居然"泯然众人矣"了。事情发展到这样的结果是仲永父亲的教育失败！他根本就不会教育孩子，他所要做的不应该是每日不厌其烦地去拜访社会名流，而是应尽量地发展仲永的天性，顺其自然，因循教导，仲永不用雕琢也会成为一块好玉。

所以，望子成龙、望女成凤的父母们，该是醒悟的时候了，不要再花大量的钱财把自己的孩子塞进各种兴趣小班了！不要再强迫孩子们做自己不感兴趣的事情了！每一个人的童年都应该是幸福的，我们不能把自己的意志强加给孩子们，那样做的后果将不仅使我们失去巨额人民币，还会失去那无忧无虑、纯真质朴的小脸！我们只有学会观察孩子们的兴趣、长处，发挥他们的优势，尊重他们的选择，顺其自然地让其发展才能为社会培育出更多的如你所愿的科学家、艺术家。

秋　水

【原文】

秋水时至[1]，百川灌河，泾流之大[2]，两涘渚崖之间[3]，不辨牛马[4]。于是焉河伯欣然自喜[5]，以天下之美为尽在己。顺流而东行，至于北海，东面而视，不见水端[6]。于是焉河伯始旋其面目[7]，望洋向若而叹曰[8]："野语有之曰：'闻道百以为莫己若者。'我之谓也。且夫我尝闻少仲尼之闻而轻伯夷之义者[9]，始吾弗信；今我睹子之难穷也，吾非至于子之门则殆矣[10]，吾长见笑于大方之家[11]。"

北海若曰："井蛙不可以语于海者，拘于虚也[12]；夏虫不可以语于冰者，笃于时矣[13]；曲士不可以语于道者[14]，束于教也。今尔出于崖涘，观于大海，乃知尔丑[15]，尔将可与语大理矣[16]。天下之水，莫大于海，万川归之，不知何时止而不盈[17]；尾闾泄之[18]，不知何时已而不虚[19]；春秋不变，水旱不知。此其过江河之流[20]，不可为量数[21]。而吾未尝以此自多者[22]，自以比形于天地而受气于阴阳[23]。吾在于天地之间，犹小石小木之在大山也，方存乎见少[24]，又奚以自多！计四海之在天地之间也，不似礨空之在大泽乎[25]？计中国之在海内，不似稊米之在大仓乎[26]？号物之数谓之万，人处一焉[27]；人卒九州[28]，谷食之所生，舟车之所通，人处一焉。此其比万物也，不似豪末之在于马体乎？五帝之所连[29]，三王之所争，仁人之所忧，任士之所劳，尽此矣！伯夷辞之以为名，仲尼语之以为博[30]，此其自多也，不似尔向之自多于水乎[31]？"

【注释】

〔1〕时：按时。

〔2〕泾流：洪水。

〔3〕涘(sì)：水边。渚(zhǔ)：水中之洲。

〔4〕辨：分。

〔5〕河伯：河神。

〔6〕端：尽头。

〔7〕旋：改变。

〔8〕若：海神名。

〔9〕少：贬低，瞧不起。

〔10〕殆：危险。

〔11〕大方之家：懂得大道的人。

〔12〕拘：局限。

〔13〕笃(dǔ)：守，限制。

〔14〕曲士：孤陋寡闻的人。

〔15〕丑：鄙陋。

〔16〕大理：大道。

〔17〕盈：满。

〔18〕尾闾：排泄海水的地方。

〔19〕已：止。虚：指水尽。

〔20〕过：超过。

〔21〕为量数：进行估量和计算。

〔22〕自多：自夸。

〔23〕比形：具形，寄形。

〔24〕见少：显得太少。

〔25〕礨(lěi)空：指蚁穴。

〔26〕稊(tí)米：小米。

〔27〕处一：占万物中之一。

〔28〕人卒：人众。

〔29〕连：续，继承。

〔30〕以为博：以此显示学问上的渊博。

〔31〕向：从前。

【译文】

秋季汛期到了，千百条河流注入黄河，洪水之大，隔河相望，分不清对岸的牛马。于是河神沾沾自喜，以为天下的美都聚集于自己一身了。河神顺流东行，到了北海，向东远望，看不到水的尽头，于是河神改变了沾沾自喜的面容，望着汪洋大海对海神感叹说：“俗话说：‘听了许多道理，总以为谁都比不上自己。’我就是这样。而且我曾听说有人看不起孔子的学问并轻视伯夷的行为，开始我还不相信；现在我看到您这样广阔无际，我要是不到您这里来那就糟了，我将永远被懂得大道的人所嘲笑。”

北海神说：“井底之蛙不可以和它谈论大海，因为它局限于狭小的活动空间；夏天的虫子不可以和它谈论冰雪，因为它受生存时间的限制；孤陋寡闻的人不可以和他谈论道，因为他被所受的教育束缚。现在你摆脱了河道的局限，看到了大海，知道了自己的鄙陋，这就可以和你谈论大道了。天下的水没有比海更大的了，万条江河汇聚其中，不知什么时候才能止息，而海水还是不满；海水不断排泄，不知什么时候才会停止，但还是不能穷尽；无论是春秋还是涝旱，海水永远不变，不受影响。它远远超过了江河的流水，无法进行估量和计算。但我并未因此而自夸，而是认为是形成于天地，禀受于阴阳之气。我在天地之间，好比小石头和小树木在大山上一样，显得那样渺小，有什么值得自夸的！看四海处于天地之间，不就像蚁穴在大泽中一样吗？看中国位于四海之内，不就像小米在大粮仓中一样吗？物的种类不计其数，人不过是其中的之一而已；人众聚居的九州，生长粮食，通行舟车，人不过居其之一而已。个人和万物相比，不就如一根毫毛在马身上一样吗？五帝所接续的，三王所争夺的，仁人所忧虑的，能士所辛劳的，不过如此而已！伯夷的行为是为了求名，孔子的谈说是为了显示学问的渊博，他们这样自夸，不就像你从前对河水的自夸一样吗？”

【原文】

河伯曰：“然则吾大天地而小毫末，可乎？”

北海若曰：“否。夫物，量无穷，时无止，分无常，终始无故[1]。是故大知观于远近，故小而不寡，大而不多，知量无穷；证向今故[2]，故遥而不闷，掇而不跂[3]，知时无止；察乎盈虚，故得而不喜，失而不忧，知分之无常也；明乎坦涂，故生而不说，死而不祸，知终始之不可故也。计人之所知，不若其所不知；其生之时，不若未生之时；以其至小，求穷其至大之域，是故迷乱而不能自得也。由此观之，又何以知毫末之足以定至细之倪！又何以知天地之足以穷至大之域！”

【注释】

〔1〕故：通“固”，固定。

〔2〕向今：古今。

〔3〕掇：拾取。跂：求。

【译文】

河神说：“那么，我视天地为大，视毫毛为小，可以吗？”

北海神说：“不可以。万物，容量没有穷尽，存在的时间没有止境，界限变化无常，开始和终结不固定。所以大智者既看到远也看到近，小的不以为少，大的不以为多，知道容量没有穷尽；他博古通今，所以他明白遥远的过去，对近在眼前的东西也不企求，知道时间是没有止境的；他明察盈虚之理，所以得到了也不高兴，失去了也不忧愁，知道界限变化无常；他通晓大道，所以对生并不喜悦，对死也不认为是灾祸，知道终始没有一定。看来人们所知道的，不如不知道的多；人们生存的时间，没有未生存的时间长；以有限的人生与知识，去追求无限的领域，必然会迷茫而一无所得。由此看来，怎么知道毫毛是最小的！又怎么知道天地是最大的呢！”

【原文】

河伯曰：“世之议者皆曰：‘至精无形〔1〕，至大不可围。’是信情乎〔2〕？”

北海若曰：“夫自细视大者不尽，自大视细者不明。夫精，小之微也；垺〔3〕，大之殷也；故异便。此势之有也。夫精粗者，期于有形者也；无形者，数之所不能分也；不可围者，数之所不能穷也。可以言论者，物之粗也；可以意致者，物之精也；言之所不能论，意之所不能察致者，不期精粗焉。

“是故大人之行，不出乎害人，不多仁恩；动不为利，不贱门隶；货财弗争，不多辞让；事焉不借人，不多食乎力，不贱贪污；行殊乎俗，不多辟异；为在从众，不贱佞谄；世之爵禄不足以为劝，戮耻不足以为辱；知是非之不可为分，细大之不可为倪。闻曰：'道人不闻，至德不得，大人无已。'约分之至也。"

【注释】

〔1〕至精：最精细。

〔2〕信：实。

〔3〕垺（fú）：特大之意。

【译文】

河神说："世俗的议论者都说：'最精细的东西没有形体，最大的东西不能以范围来限制。'这真实吗？"

北海神说："从小看大不会全面，从大看小不会清楚。精，是小中之微小；垺，是大中之盛大：因而有所分别。有形状的东西才有大小之别。所谓精小粗大，乃是依赖于形体；没有形体的东西，是无法用数字去划分的；无限大的东西，是无法用数字完全表达的。可以用语言描述的，是粗大的物体；可以用意识感受的，是精细的物质；至于语言所不能描述的，意识所不能感受的，那就是精细和粗大之外的东西了。

"所以悟道者的行为，无心害人，也不赞美仁义恩惠；举动不为谋利，也不贱视奴仆；不争财宝，也不赞美辞让；做事不借助于人，也不赞美自食其力，不以贪污为卑贱；行为不同于世俗，也不赞美标新立异；听任众人之所为，也不鄙视献媚者；世俗的爵禄不足以勉励他，刑罚也不足以羞辱他；知道是非无法区分，细小和粗大无法度量。我听说：'悟道的人不求名声，道德最高尚的人不求有所得，大德的人忘却自我。'这是最高的精神境界。"

【原文】

河伯曰："若物之外，若物之内，恶至而倪贵贱[1]？恶至而倪小大？"

北海若曰："以道观之，物无贵贱；以物观之，自贵而相贱；以俗观之，贵贱不在己。以差观之，因其所大而大之，则万物莫不大；因其所小而小之，则万物莫不小；知天地之为稊米也，知毫末之为丘山也，则差数睹矣[2]。以功观之[3]，因其所有而有之，则万物莫不有；因其所无而无之，则万物莫不无；知东西之相反而不可以相无，则功分定矣。以趣观之[4]，因其所然而然之，则万物莫不然；因其所非而非之，则万物莫不非；知尧、桀之自然而相非[5]，则趣操睹矣[6]。

“昔者尧、舜让而帝，之、哙让而绝[7]；汤、武争而王，白公争而灭[8]。由此观之，争让之礼，尧、桀之行，贵贱有时[9]，未可以为常也。梁丽可以冲城而不可以窒穴[10]，言殊器也；骐骥骅骝一日而驰千里[11]，捕鼠不如狸狌，言殊技也；鸱鸺夜撮蚤，察毫末，昼出瞋目而不见丘山，言殊性也。故曰，盖师是而无非，师治而无乱乎？是未明天地之理，万物之情者也。是犹师天而无地，师阴而无阳，其不可行明矣！然且语而不舍，非愚则诬也。帝王殊禅，三代殊继。差其时，逆其俗者；谓之篡夫；当其时，顺其俗者，谓之义之徒。默默乎河伯！女恶知贵贱之门，大小之家！”

【注释】

〔1〕倪：区分。

〔2〕睹：看清楚。

〔3〕功：功用。

〔4〕趣：取向。

〔5〕相非：相对立。

〔6〕趣操：取向和情操。

〔7〕之、哙让而绝：哙，亦作噲，战国时期燕王哙宠信国相子之，将王位禅让给子之，招致国内大乱，齐国乘机伐燕，杀燕王哙与子之，燕国几乎亡国。

〔8〕白公争而灭：战国时期楚平王的孙子白公胜为争夺政权发动武装政变，结果兵败自杀。

〔9〕有时：有一定的时宜。

〔10〕梁丽：梁栋，大木。

〔11〕骐骥骅骝（huá liú）：都是良马。

【译文】

河神说："若是在物的外面，物的内面，怎么区分贵贱？怎么区分大小？"

舜

北海神说："用道来观察，物没有贵贱；从物的立场来看，都是以己为贵而贱视他物；用世俗之人的眼光来看，贵贱由人而定。从事物的相对差别来看，万物的大小都是相对的，若从它大的方面来说，万物又都可以说是大的；若从它小的方面来说，万物又都可以说是小的；明白了天地如同一粒小米那么小，毫毛如同一座山丘那么大的道理，就可以明白万物大小的差别了。从功用上来看，从有用的方面说，则万物都有用；从无用的方面来说，则万物都无用；明白了东和西是相反的又是相互依存的，就可以明白万物的功用和地位。从取向来看，看到对的一面就认为它对，则万物都是对的；看到不对的一面就认为它不对，则万物都是不对的；知道了尧和桀的自以为是而其行为相对立，就可以看清楚万物的取向和情操了。

"尧和舜通过禅让而做了帝王，子之和燕王哙却因为禅让而灭亡；商汤和周武王通过争夺而为王，白公却因为争夺而丧身。由此看来，争夺和禅让的举措，尧和桀的行为，其好坏效果因时势不同而截然相反，而不是一成不变的。梁栋可以用来撞毁城墙，但却不能用来堵塞小洞，这是说器具的用场不同；骏马一日可行千里，但是捕鼠却不如野猫和黄鼠狼，这是说技能不同；猫头鹰在夜间能捉跳蚤，明察秋毫，但在白天睁大眼睛连山丘也看不见，这是说物性不同。所以说，怎能把自己认为是正确的就认为没有错误的一面，把自己认为是治理了的就认为没有乱的一面呢？之所以这样，是因为不明天地之理和万物之情，这就好比只取法于天而不取法于地，取法于阴而不取法于阳，这显然是不可行的。然而人们对此仍然坚持己见而不肯抛弃，这不是愚蠢便是说谎。帝王禅让的方式不同，三代继承的方式不同。不合时代，违逆社会，就被视为篡夺的人；顺应时代，迎合社会，就被称为大义之人。沉默吧，河神！你哪里知道贵贱、大小的道理！"

【原文】

河伯曰："然则我何为乎？何不为乎？吾辞受趣舍[1]，吾终奈何？"

北海若曰："以道观之，何贵何贱，是谓反衍[2]；

无拘而志，与道大蹇[3]。何少何多，是谓谢施[4]；无一而行[5]，与道参差。严乎若国之有君，其无私德；繇繇乎若祭之有社[6]，其无私福；泛泛乎其若四方之无穷，其无所畛域[7]。兼怀万物[8]，其孰承翼[9]？是谓无方。万物一齐，孰短孰长？道无终始，物有死生，不恃其成[10]；一虚一满，不位乎其形[11]。年不可举[12]，时不可止；消息盈虚[13]，终则有始。是所以语大义之方[14]，论万物之理也。物之生也，若骤若驰，无动而不变，无时而不移。何为乎，何不为乎？夫固将自化[15]。"

【注释】

〔1〕趣舍：取舍。

〔2〕反衍：向相反方向发展、演化。

〔3〕蹇（jiǎn）：抵触，违逆。

〔4〕谢施：代谢转化。

〔5〕无一：固执。

〔6〕繇繇（yóu）：通"悠悠"，自得的样子。

〔7〕畛域：界限。

〔8〕怀：容。

〔9〕翼：庇护。

〔10〕恃：凭依。成：生成。

〔11〕位：守。

〔12〕年：岁月。

〔13〕消：消亡。

〔14〕大义之方：大道的方向。

〔15〕自化：自行变化。

【译文】

河神说："那么，我该做什么？不该做什么？我辞受取舍，到底该怎么办呢？"

北海神说："用道的观点来看，无所谓贵贱，贵贱是相互转化的；不要固守你的心志，否则与道相抵触。无所谓多少，多少是相互变换的；不要固执你的所为，否则与道是不相符合的。要像国君一样庄重，对谁都没有偏心；像受祭的社神一样超然，毫无偏私；像天地四方一样辽阔，没

有局限。兼容万物，有谁承受庇护？这就叫没有偏向。万物齐一，谁短谁长？道没有终始，万物有生死的变化，其生成的形态是不足凭依的；万物的变化一时虚一时满，不应专守一时之虚或一时之满。岁月无法使它提前离去，时光也无法让它停留；消亡与生息，盈满与空虚，终结了再开始。这就是讲大道的方向，谈万物的道理。万物的生长，如快与奔驰一般，动作在不断变化，时刻都在移动。该做什么，不该做什么？万物本来会自行变化的。”

【原文】

河伯曰：“然则何贵于道邪？”

北海神曰：“知道者必达于理，达于理者必明于权[1]，明于权者不以物害己。至德者，火弗能热，水弗能溺，寒暑弗能害，禽兽弗能贼[2]。非谓其薄之也[3]，言察乎安危，宁于祸福，谨于去就，莫之能害也。故曰，天在内，人在外，德在乎天。知天人之行，本乎天[4]，位乎德，‘蹢躅而屈伸[5]，反要而语极。”

【注释】

〔1〕权：应变。

〔2〕贼：伤害。

〔3〕薄：迫，触犯。

〔4〕本乎天：以天为根本。

〔5〕蹢躅（zhí zhú）：进退不定的样子。

【译文】

河神说：“那么道有什么可贵的呢？”

北海神说：“懂得道的人必定通达事理，通达事理的人必定明于应变，明于应变的人不会让外物伤害他。德行最高的人，火不能烧他，水不能淹他，寒暑不能损伤他，禽兽不能伤害他。这不是说他有意去触犯有害之物，而是说他能明察安危，对祸福的来临冷静对待，谨慎进退，所以无法加害于他。所以说，天性蕴藏在内心，人事显露在外表，道德体现在天性上。

知道人的行为，以天为根本，安然自得，时进时退，时屈时伸，归根返本而静默无言。”

【原文】

曰：“何谓天？何谓人？”

北海若曰：“牛马四足，是谓天；落马首[1]，穿牛鼻，是谓人。故曰，无以人灭天，无以故灭命[2]，无以得殉名[3]。谨守而勿失，是谓反其真。”

【注释】

〔1〕落：通“络”，笼住。

〔2〕故：事。

〔3〕殉：牺牲。

【译文】

河神说：“什么叫作天？什么叫作人？”

北海神说：“牛马有四只脚，这就叫作天然；笼住马头，穿引牛鼻，这就叫作人为。所以说，不要用人事毁灭天然，不要用世事毁灭天命，不要因考虑得失而为功名作牺牲。牢记这些道理而不违失，就叫返归真性。”

【原文】

夔怜蚿，蚿怜蛇[1]，蛇怜风，风怜目，目怜心。

夔谓蚿曰：“吾以一足趻踔而行[2]，予无如矣[3]。今子之使万足，独奈何？”

蚿曰：“不然。子不见夫唾者乎？喷则大者如珠，小者如雾，杂而下者不可胜数也。今予动吾天机，而不知其所以然。”

蚿谓蛇曰：“吾以众足行，而不及子之无足，何也？”

蛇曰：“夫天机之所动，何可易邪？吾安用足哉！”

蛇谓风曰：“予动吾脊胁而行，则有似也。今子蓬蓬然起于北海[4]，蓬蓬然入于南海，而似无有，何也？”

风曰：“然。予蓬蓬然起于北海而入于南海也，然而指我则胜我，鳍我亦胜我[5]。虽然，夫折大木，蜚大屋者[6]，唯我能也，故以众小不胜为大胜也。为大胜者，唯圣人能之。”

【注释】

〔1〕夔（kuí）：独脚兽。怜：羡慕。蚿（xián）：多足虫，俗名百足。
〔2〕跉踔（chěn chuō）：跳着走。
〔3〕无如：没有办法。
〔4〕蓬蓬然：风尘转动的样子。
〔5〕鳍（qiū）：踏。
〔6〕蜚：通“飞”，刮起。

【译文】

夔羡慕蚿，蚿羡慕蛇，蛇羡慕风，风羡慕眼睛，眼睛羡慕心。

夔对蚿说：“我用一只脚跳着走，那是没有办法。你现在使用许许多多的脚，是怎么走的呢？”

蚿说：“不对。你没有见过吐唾沫的吗？喷出来的大的像水珠，小的像细雾，乱喷出来的不计其数。我现在是根据天生的本能而行，但不知道为什么会这样。”

蚿对蛇说：“我用许多脚行走，还不如你没有脚走得快，这是为什么呢？”

蛇说：“本能的活动，怎么能够改易呢？我哪里要用脚！”

蛇对风说：“我运动着脊背行走，还像有脚似的。现在你呼呼地从北海刮起来，又呼呼地吹入南海，却像无形一般，这是为什么呢？”

风说：“是的。我虽然呼呼地从北海刮入南海，但用手指戳我就能胜我，用脚踏我也能胜我。然而摧折大木，掀掉大屋，却只有我能够做到，所以不以胜过众小为胜才算大胜。可以大胜的，只有圣人才能做到。”

【原文】

孔子游于匡[1]，卫人围之数帀[2]，而弦歌不惙[3]。子路入见，曰：“何夫子之娱也[4]？”

孔子曰："来！吾语女。我讳穷久矣[5]，而不免，命也；求通久矣[6]，而不得，时也[7]。当尧、舜而天下无穷人，非知得也[8]；当桀、纣而天下无通人，非知失也；时势适然。夫水行不避蛟龙者，渔父之勇也[9]；陆行不避兕虎者[10]，猎夫之勇也；白刃交于前，视死若生者，烈士之勇也；知穷之有命，知通之有时，临大难而不惧者，圣人之勇也。由，处矣[11]！吾命有所制矣[12]！"

无几何，将甲者进，辞曰："以为阳虎也[13]，故围之。今非也，请辞而退。"

【注释】

〔1〕匡：地名，位于宋、卫、郑三国之间。

〔2〕帀：通"匝"，周。

〔3〕惙(chuò)：通"辍"，止。

〔4〕娱：乐。

〔5〕讳：担忧。

〔6〕通：通达，顺利。

〔7〕时：时势。

〔8〕知：通"智"。

〔9〕渔父：渔夫。

〔10〕兕(sì)：犀牛。

〔11〕处矣：歇歇吧。

〔12〕制：支配，限制。

〔13〕阳虎：鲁国贵族季孙氏的家臣，曾专鲁政三年。

【译文】

孔子周游到匡邑，被卫国人团团围住，但他还是不停地弹琴歌唱。子路入见孔子，说："先生为什么还这样快乐呢？"

孔子说："过来！我给你说。我担忧困窘已经很久了，然而还是不能幸免，这是命运的缘故；我追求通达也已经很久了，然而还是一无所得，这是时势造成的。在尧、舜时代，天下没有不得志的人，这并不是他们用智慧取得的；在桀、纣时代，天下没有得志的人，这并不是因为他们才智不足；这是由时势造成的。在水中行走不避蛟龙，这是渔夫的勇敢；在陆地上行走不避猛兽，这是猎人的勇武；在刀光剑影中视死如生，这是烈士的气概；知道穷困是因为天命，通达是由于时势，面临大难而不畏惧，这是圣人的勇气。子路，你不要担心！我的命运是由天支配的！”

过了一会儿，率兵者走进来道歉说：“我们把您当成了阳虎，所以包围了您。现在才知道误会了，真对不起，我们已经撤围了。”

【原文】

公孙龙问于魏牟曰〔1〕：“龙少学先王之道，长而明仁义之行；合同异，离坚白；然不然，可不可；困百家之知，穷众口之辩；吾自以为至达已。今吾闻庄子之言，汒焉异之〔2〕。不知论之不及与？知之弗若与？今吾无所开吾喙〔3〕，敢问其方。”

公子牟隐机太息，仰天而笑曰：“子独不闻夫埳井之蛙乎？谓东海之鳖曰：‘吾与乐！出跳梁乎井干之上〔4〕，入休乎缺甃之崖〔5〕；赴水则接腋持颐，蹶泥则没足灭跗〔6〕；还虷蟹与科斗〔7〕，莫吾能若也。且夫擅一壑之水〔8〕，而跨跱埳井之乐〔9〕，此亦至矣，夫子奚不时来入观乎〔10〕？’东海之鳖左足未入，而右膝已絷矣〔11〕。于是逡巡而却〔12〕，告之海曰：‘夫千里之远，不足以举其大〔13〕；千仞之高，不足以极其深〔14〕。禹之时十年九潦〔15〕，而水弗为加益；汤之时八年七旱，而崖不为加损〔16〕。夫不为顷久推移〔17〕，不以多少进退者〔18〕，此亦东海之大乐也。’于是埳井之蛙闻之，适适然惊〔19〕，规规然自失也〔20〕。

“且夫知不知是非之竟，而犹欲观于庄子之言，是犹使蚊负山，商蚷驰河也〔21〕，必不胜任矣。且夫知不知论极妙之言，而自适一时之利者〔22〕，是非埳井之蛙与？且彼方跐黄泉而登大皇〔23〕，无南无北，奭然四解〔24〕，沦于不测〔25〕；无东无西，始于玄冥〔26〕，反于大通[27]。子乃规规然而求之以察[28]，索之以辩，是直用管窥天，用锥指地也，不亦小乎？子往矣！且子独不闻夫寿陵余子之学行于邯郸与[29]？未得国能[30]，又失其故行矣[31]，直匍匐而归耳[32]。今子不去，将忘子之故，失子之业。”

公孙龙口呿而不合[33]，舌举而不下，乃逸而走[34]。

【注释】

〔1〕公孙龙：战国时赵国人，名家学派的代表人物。魏牟：魏国公子，又称公子牟。

〔2〕汒：通“茫”。

〔3〕喙（huì）：嘴。

〔4〕跳梁：跳跃。井干：井栏。

〔5〕甃（zhòu）：砌井壁用的砖。崖：指井壁。

〔6〕蹶：踏。跗（fū）：脚背。

〔7〕虷（hán）：孑孓。

〔8〕擅：独占。

〔9〕跨跱（zhì）：叉开腿立着。

〔10〕时：常。

〔11〕絷（zhí）：绊住。

〔12〕逡巡：迟疑徘徊的样子。

〔13〕举：称得上，形容。

〔14〕极：尽，量尽。

〔15〕潦：水淹，指洪水。

〔16〕崖：通“涯”，指水边。

〔17〕推移：变化。

〔18〕进退：指水位的升降。

〔19〕适适然：惊惧的样子。

〔20〕规规然：局促的样子。

〔21〕商蚷（jù）：即马蚿。马蚿生活于陆地，不能在水上游走。

〔22〕适：往，追求。

〔23〕跐（cǐ）：踩。

〔24〕奭（shì）：通“释”。四解：四面通达。

〔25〕沦：入。

〔26〕玄冥：微妙的境界。

〔27〕大通：无所不通的境界。

〔28〕察：明察，细看。

〔29〕寿陵：燕国地名。余子：少年。学行：学走路。邯郸：赵国国都。

〔30〕国能：指国都人走路的步法。

〔31〕故行：原来走路的步法。

〔32〕直：只能。

〔33〕呿(qū)：张开。

〔34〕逸：逃。

【译文】

公孙龙问魏牟说："我年轻时学先王之道，长大后又懂得了仁义的行为；能把事物的同和异合而为一，把同一物的坚硬和白色分别开来；把不对的说成对，不可的说成可；能把百家的才智都难倒，使人的口才都无法施展；我自以为是最通达的了。现在我听了庄子的理论，感到十分迷茫和惊奇。不知是我的口才不如他呢？还是知识不及他？现在我无法开口。请问其中的缘故。"

公子牟靠着几案长叹一声，仰天大笑说："你难道没有听说过浅井之蛙的故事吗？它对东海的鳖说：'我很快乐！出来在井栏上跳跃，进去在破砖砌成的井壁中休息；在水中浮游，水承托着我的两腋及两腮，跳到泥里泥浆没过我的脚背；我回头看井里的孑孓、螃蟹和蝌蚪，谁都不如我。况且我独占一坑水，叉腿站在井中，真是快乐到了极点。您为什么不常来看看呢？'东海的鳖还未迈进左脚，右腿就被绊住了，于是迟疑地退了回来，向青蛙告诉大海的情形说：'千里之远的距离，不足以形容它的大；千仞之高的高度，不足以量尽它的深。大禹时十年九涝，而海水并不见增加；商汤时八年七旱，而海水并不见减少。它不因时间的长短而有所改变，也不因雨水的多少而水位有所升降，这也是东海的大快乐。'井中之蛙听了，惊惧不已，茫然自失。

"而且，智力还不能辨识是非的界限，就想了解庄子的理论，这就像让蚊子背山，马蚿渡河一般，必定无法胜任。智力不足以理解微妙的理论，而追求一时之利，不就像井中之蛙一样吗？况且庄子的理论可入地登天，不分南北，四通八达，高深莫测；不分东西，开始于微妙的境界，返归于无所不通。而你却用狭隘的观点去衡量，寻求什么辩论，

这简直如同用竹管观天，用锥子量地一样，不是显得太渺小了吗？你走开吧！你难道没有听说过寿陵的少年去邯郸学他人走步的故事吗？他不但没有学会邯郸人的步法，而且连自己原来的步法也忘掉了，结果只好爬着回去。现在你还不走开，就会忘掉你原来的技能，失去你的学业了。”

公孙龙闻言大惊，张口结舌，灰溜溜地逃走了。

【原文】

庄子钓于濮水[1]，楚王使大夫二人往先焉[2]，曰：“愿以境内累矣[3]！”

庄子持竿不顾[4]，曰：“吾闻楚有神龟，死已三千岁矣，王巾笥而藏之庙堂之上[5]。此龟者，宁其死为留骨而贵乎[6]，宁其生而曳尾于涂中乎[7]？”

二大夫曰：“宁生而曳尾于涂中。”

庄子曰：“往矣！吾将曳尾于涂中。”

【注释】

〔1〕濮（pú）水：水名，在今山东濮县。

〔2〕先：先生传达楚王的旨意。

〔3〕累：拖累，麻烦。意思是请庄子到楚国从政。

〔4〕不顾：不回头，不理睬。

〔5〕巾笥：用巾布包起来，装进竹箱。笥（sì）：竹箱。

〔6〕宁：宁可。留骨而贵：留下骨壳被人珍贵。

〔7〕曳：拖。涂：泥。

【译文】

庄子在濮水钓鱼，楚王派两个大夫先去转达他的意思说：“希望先生能到楚国从政！”

庄子继续钓鱼，头也不回地对大夫说：“我听说楚国有一神龟，已经死去3000年了，楚王把它用巾布包起来装进竹箱，藏在庙堂之上。这只龟，是宁可死去而留下骨壳被人珍惜呢？还是宁愿活着拖尾爬行于泥中？”

两个大夫说：“当然宁愿活着拖尾爬行于泥中。”

庄子说：“你们回去吧！我将拖着尾巴爬行于泥中。”

【原文】

惠子相梁[1]，庄子往见之。或谓惠子曰[2]：“庄子来，欲代子相。”于是惠子恐，搜于国中三日三夜。

庄子往见之，曰：“南方有鸟，其名为鹓鸰[3]，子知之乎？夫鹓鸰，发于南海而飞于北海，非梧桐不止[4]，非练实不食[5]，非醴泉不饮[6]。于是鸱得腐鼠[7]，鹓鸰过之，仰而视之曰：‘吓’！今子欲以子之梁国而吓我邪[8]？”

【注释】

〔1〕惠子：惠施，曾为梁惠王相。梁：魏国。
〔2〕或：有人。
〔3〕鹓鸰（yuān chú）：像凤凰一类的鸟。
〔4〕止：栖息。
〔5〕练实：竹实。
〔6〕醴（lǐ）泉：甘美的泉水。
〔7〕鸱：猫头鹰。腐鼠：腐烂的老鼠，比喻相位。
〔8〕吓：有两解。其一，状声词，表示一种惊怕的语气；其二，吓唬。

【译文】

惠施在魏国做宰相，庄子要去见他。有人对惠施说：“庄子来，想取代您的相位。”惠施听了很害怕，在国中搜捕庄子达三天三夜。

庄子见到惠施，对他说：“南方有一种鸟，名叫鹓鸰，你知道吗？鹓鸰从南海出发，飞往北海，沿途非梧桐树不栖息，不是竹子的果实不食，不是甘美的泉水不喝。这时猫头鹰抓到一只已经腐烂的死老鼠，看见鹓鸰经过，仰头对着它说：‘吓！’现在你难道想用魏国相位来吓唬我呀？”

【原文】

庄子与惠子游于濠梁之上[1]。庄子曰：“儵鱼出游从容[2]，是鱼之乐也。”

惠子曰：“子非鱼，安知鱼之乐？”

庄子曰：“子非我，安知我不知鱼之乐？”

惠子曰："我非子，固不知子矣；子固非鱼矣，子之不知鱼之乐，全矣[3]。"

庄子曰："请循其本[4]。子曰'汝安知鱼乐'云者，既已知吾知之而问我，我知之濠上也。"

【注释】

〔1〕濠（háo）：水名，在今安徽凤阳县附近。梁：拦河堰。

〔2〕鯈（shū）鱼：白鱼。

〔3〕全矣：完全如此，意即无可辩驳。

〔4〕循：追溯。本：始，指开头的话题。

【译文】

庄子和惠施在濠水的河堰上游玩。庄子说："鯈鱼从容自得地游出来，这是鱼的快乐。"

惠施说："你不是鱼，怎么知道鱼的快乐？"

庄子说："你不是我，怎么知道我不懂得鱼的快乐？"

惠施说："我不是你，固然不知道你；你本来也不是鱼，那么你不知道鱼的快乐，就是无可辩驳的了。"

庄子说："请从开头的话题说起。你说'你哪儿知道鱼的快乐'，说明你已经知道了我晓得鱼的快乐才来问我的，我是在濠水的河堰上知道的。"

【赏析】

本篇是"借物名篇"，体大思精，文情跌宕，恣肆汪洋，是《庄子》中的名篇之一。它继承了《齐物论》的观点，说明事物的大小、是非都是相对的，人生的贵贱和荣辱都是无常的，目的在要求人们息伪存真，顺应自然，不为追求富贵、虚名而毁灭天然本性。

文章开篇便论"小"、"大"，以井底之蛙和东海之鳖等形象来说明之所以有"小"有"大"，是因为时间和空间对事物进行了不同的限制，并且这种小大的差别只在于"用"，而不在于事物本身，表达了庄子并不因其小而给其否定，也不因其大而给其肯定的旷达胸怀。并由此推及的是非、贵贱等都是随着时间、环境及主观认识的不同而产生的价值判断，皆是变化无常、不足依凭的，而唯一不变的，只有道，只有自然。因此人们只有顺应自然，因势利导才能处于自适的自由境界。做到了这样，才是趋近了"圣人"，才能返璞归真，达到“天地与我并生，万物与我为一”的境界。这也就是本篇前半部分层层递进式的论理；接下来便是以六则寓言故事来说明世人的行为是否符合庄子这种提倡，再次阐述“无以人灭天，无以故灭命，无以得殉名。谨守而勿失，是谓反其真”的宗旨。

显然，庄子本人因过分强调事物的大小和事理的无限相对性而陷入 相对主义的泥潭，但由于他始终能够把事物的无穷性与人类认识的相对性、宇宙的无限性与具体事物的局限性对照起来分析，所以仍然显示出他对于绝对与相对、有限及无限的辩证关系的理解有着高度的灵活性，这对于人们突破认识上的局限，领悟天地宇宙的无限广大，克服自身的盲目自大有着积极的意义。前者的启迪可以促使人类科学的进步，激励人类对于未知领域的探索，后者则能使人类的心灵永葆纯洁与自然，让人类不再为金钱、地位这些世俗的观念而耿耿于怀，沉湎在利害得失之中难以自拔。

达　　生

【原文】

达生之情者[1]，不务生之所无以为[2]；达命之情者，不务知之所无奈何[3]。养形必先之以物[4]，物有余而形不养者有之矣；有生必先无离形[5]，形不离而生亡者有之矣。生之来不能却[6]，其去不能止[7]。悲夫！世之人以为养形足以存生，而养形果不足以存生，则世奚足为哉！虽不足为而不可不为者，其为不免矣。

夫欲免为形者，莫如弃世。弃世则无累，无累则正平[8]，正平则与彼更生[9]，更生则几矣[10]。事奚足弃而生奚足遗[11]？弃事则形不劳，遗生则精不亏，夫形全精复，与天为一。天地者，万物之父母也，合则成体，散则成始。形精不亏，是谓能移[12]。精而又精，反以相天[13]。

【注释】

〔1〕达：明白。生：生命，指养生。情：情理。

〔2〕所无以为：无法做到的。
〔3〕所无奈何：无能为力的。
〔4〕形：身体。物：物质条件。
〔5〕离形：脱离形体，即死。
〔6〕却：拒绝。
〔7〕止：挽留。
〔8〕正平：心正气平。
〔9〕彼：指形体。更生：新生。
〔10〕几：接近。
〔11〕事：世事。
〔12〕能移：能随天地更生变化。
〔13〕相：助。

【译文】

明白养生之理的，不追求无法做到的；通晓性命之理的，不追求智力所无能为力的。保养身体必须先有物质条件。但有些人物质丰裕却保养不好身体；保有生命首先必须不脱离形体，但有些人形体不离生命却死亡了。生命来临不能拒绝，生命离去不能挽留。可悲啊！世俗之人以为保养好身体便可以保全生命，然而保养身体确实不足以保全生命，那么何必去管世俗之事！虽然不值得管却不可不去管，那就免不了要劳累了。

要想免除形体的劳累，不如抛弃世俗。抛弃世俗就没有拖累，没有拖累则心正气平，心正气平就会与形体一起更新，更新就会接近于所要达到的养生目标。世事值得抛弃而生命值得忘怀吗？抛弃世事则形体不劳，忘怀生命则精神不亏。形体健全而精神饱满，就会与天合为一体。天地是万物的父母，天地交合则生成万物的形体，天地分离则万物返归于原始混沌状态，形体健全精神饱满，就能随天地更生变化。养生达到了炉火纯青的境界，反过来又会有助于天地自然的发展。

【原文】

子列子问关尹曰[1]：“至人潜行不窒[2]，蹈火不热，行乎万物之上而不慄[3]。请问何以至于此？”

关尹曰：“是纯气之守也[4]，非知巧果敢之列。居[5]，吾语女！凡有貌象声色者，皆物也，物与物何以相远？夫奚足以至乎先？是色而已。则物之造乎不形而止乎无所化，夫得是而穷之者，物焉得而止焉！彼将处乎不淫之度[6]，而藏乎无端之纪[7]，游乎万物之所终始，壹其性[8]，养其气，合其德，以通乎物之所造[9]。夫若是者，其天守全[10]，其神无郤[11]，物奚自入焉！

夫醉者之坠车，虽疾不死。骨节与人同而犯害与人异[12]，其神全也，乘亦不知也，坠亦不知也，死生惊惧不入乎其胸中，是故遻物而不慴[13]。彼得全于酒而犹若是，而况得全于天乎？圣人藏于天[14]，故莫之能伤也。复仇者不折镆干[15]，虽有忮心者不怨飘瓦[16]，是以天下平均。故无攻战之乱，无杀戮之刑者，由此道也。不开人之天，而开天之天。开天者德生[17]，开人者贼生[18]。不厌其天[19]，不忽于人[20]，民几乎以其真[21]。"

【注释】

〔1〕子列子：即列御寇，亦称列子。关尹：老子弟子，姓尹名喜，曾为函谷关令，故亦称关令尹。

〔2〕潜行：入水而行。窒：窒息。

〔3〕万物之上：最高处。

〔4〕纯气之守：保持着纯正之气。

〔5〕居：坐。

〔6〕不淫之度：恰如其分。

〔7〕无端：循环。

〔8〕壹其性：使心性纯一。

〔9〕物之所造：造物者，即自然。

〔10〕天守全：天性完备。

〔11〕郤：通"隙"，漏洞。

〔12〕犯害：伤害，受害。

〔13〕遻（wǔ）：同"忤"，逆。慴（shè）：恐惧。

〔14〕藏于天：居心于天道。

〔15〕镆干：即镆铘、干将的简称，传说楚国有夫妇二人善铸剑，夫名干将，妻

名镆铘。后将镆铘干将作为利剑的代称。

〔16〕忮（zhì）心：忌恨之心。

〔17〕德生：养成良好的道德。

〔18〕贼生：产生残害的心理。

〔19〕厌：满足。

〔20〕忽：疏忽。人：人为。

〔21〕真：指天性。

【译文】

列子问关尹说："至人入水行走而不窒息，走在水上而不觉得热，在最高处行走而不畏惧。请问为什么能达到这般境地？"

关尹说："这是保持了纯正之气的缘故，而不是使用巧智和勇敢所能做到的。坐下，我对你说！凡具有形状声色的，都是物，物与物之间为什么有很大差别？有的物为什么超前？这是因为声色的缘故。物产生于无形而终止于无变化，明白了这个道理，就不会把万物放在心上！至人处于恰如其分的位置，藏心于循环之理，游心于无为之道，使心性纯一，保养纯正之气，使德行与天道相合，以通达于自然。像这样的至人，天性完备，精神健全无缺，外物怎么能侵入呢！

"醉酒者从车上掉下来，虽然受伤却不会摔死，他的骨节和别人一样而伤害程度却和别人不同，这是因为他的精神健全，乘坐在车上和从车上掉下来都没有感觉，心里没有死生惊惧的念头，所以撞在地上也不恐惧。他从醉酒中获得的精神健全尚且有这样的效果，何况从天道修养中所获得的精神健全呢？圣人居心于天道，所以外物无法伤害他。仇敌虽然用利剑杀我，但利剑无心杀我，所以我复仇只杀仇敌而不折毁利剑；我虽然被飘落的瓦片打伤，但瓦片并非有心伤我，所以我不抱怨。因此，天下平等相待。奉行无为之道，就不会有战乱之患和杀戮之刑。不要倡导人为，而要顺应自然。顺应自然就会养成良好的道德，倡导人为则会产生残害的心理。要大力提倡无为之道，谨防人为之害，这样人们就会按照天真的本性行事。"

【原文】

仲尼适楚，出于林中〔1〕，见痀偻者承蜩〔2〕，犹掇之也〔3〕。

仲尼曰："子巧乎〔4〕！有道邪？"

曰："我有道也。五六月累丸二而不坠[5]，则失者锱铢[6]；累三而不坠，则失者十一[7]；累五而不坠，犹掇之也。吾处身也，若厥株拘[8]；吾执臂也[9]，若槁木之枝[10]；虽天地之大，万物之多，而唯蜩翼之知。吾不反不侧[11]，不以万物易蜩之翼，何为而不得！"

孔子顾谓弟子曰："用志不分，乃凝于神，其痀偻丈人之谓乎[12]！"

【注释】

〔1〕出：经过。

〔2〕痀偻（gōu lóu）：驼背。承：取，抓。蜩（tiáo）：蝉。承蜩：在竹竿顶端放上胶状物把蝉粘住，捕蝉的方法之一。

〔3〕掇：拾取。

〔4〕巧：纯熟。

〔5〕累：叠。

〔6〕锱铢（zī zhū）：古代的重量单位，6铢等于1锱，4锱等于1两，这里用来表示极少。

〔7〕十一：十分之一。

〔8〕若厥株拘：像木桩一样静止不动。

〔9〕执：持，控制。

〔10〕槁木：干枯的树。

〔11〕不反不侧：一心一意，心无二念。

〔12〕丈人：对老年人的尊称。

【译文】

孔子去楚国，经过树林中，看见一个驼背的人在捕蝉，像在地上拾取一样轻而易举。

孔子上前说："您的手真巧！有什么粘蝉之道吗？"

捕蝉者回答说："我有道。我为了提高技巧，在竹竿顶端叠上丸子，经过五六个月的训练之后，累叠两个丸子可以不掉下来，失手的时候已很少；累叠3个丸子而不会掉下来，那么失手的时候只有十分之一；累叠5个丸子不掉，那就像拾取东西一样容易。我粘蝉时，身体像木桩一样静止不动；我对胳膊的控制，像干枯的树枝一样稳健；虽然面对广大的天地形形色色的万物，而我的心思只在蝉翼上。我心无二念，不因为其他东西而转移对蝉翼的专注，这样还有什么得不到！”

孔子回头对弟子说：“心不分散，聚精会神，就是在说这位驼背老人啊！”

【原文】

颜渊问仲尼曰：“吾尝济乎觞深之渊[1]，津人操舟若神[2]。吾问焉，曰：‘操舟可学邪？’曰：‘可。善游者数能[3]。若乃夫没人[4]，则未尝见舟而便操之也[5]。’吾问焉而不吾告[6]，敢问何谓也？”

仲尼曰：“善游者数能，忘水也。若乃夫没人之未尝见舟而便操之也，彼视渊若陵，视舟之覆犹其车却也[7]。覆却万方陈乎前而不得入其舍[8]，恶往而不暇[9]！以瓦注者巧[10]，以钩注者惮[11]，以黄金注者殙[12]。其巧一也[13]，而有所矜[14]，则重外也[15]。凡外重者内拙[16]。”

【注释】

〔1〕觞深：渊名。

〔2〕津人：摆渡的人。

〔3〕数能：很快就会。

〔4〕没人：善于潜水的人。

〔5〕便：轻巧。

〔6〕不吾告：不告诉我。

〔7〕却：退。

〔8〕舍：心。

〔9〕暇：闲暇自由，轻松。

〔10〕注：赌注。巧：轻巧。

〔11〕钩：带钩。惮：怕。

〔12〕殙（hūn）：心绪紊乱。

〔13〕一：一样。

〔14〕矜（jīn）：慎重，拘谨。

〔15〕重外：注重于身外之物。

〔16〕内拙：内心笨拙。

【译文】

颜渊问孔子说："有一次我经过一个深渊渡口，摆渡的人撑船技术高明极了。我问他：'撑船可以学习吗？'他说：'可以。善于游泳的人很快就能学会，而善于潜水的人即使没有见过船也能熟练行驶。'我问其中的原因，他却不告诉我，请问这是怎么回事？"

孔子说："善于游泳的人很快就能学会，这是因为他熟悉水性。善于潜水的人没见过船就能驾驭船只，这是因为他把深渊视为山丘，把船翻视为车倒退一样。他对出现在眼前的翻船如倒车的情景毫不在乎，心里若无其事，他怎么能不镇静自若呢！用瓦片作赌注心里轻松，用带钩作赌注内心就有点害怕，用黄金作赌注则心烦意乱。他的赌博技巧前后一样，但后来却顾虑重重，这是由于身外的利害得失。注重于身外之物的内心就笨拙。"

【原文】

田开子见周威公。威公曰："吾闻祝肾学生，吾子与祝肾游，亦何闻焉？"

田开子曰："开子操拔篲以侍门庭，亦何闻于夫子！"

威公曰："田子无让，寡人愿闻之。"

开子曰："闻之夫子曰：'善养生者，若牧羊然，视其后者而鞭之。'"

威公曰："何谓也？"

田开子曰："鲁有单豹者，岩居而水饮，不与民共利[1]，行年七十而犹有婴儿之色，不幸遇饿虎，饿虎杀而食之。有张毅者，高门县薄[2]，无不走也，行年四十而有内热之病以死。豹养其内而虎食其外[3]，毅养其外而病攻其内。此二子者，皆不鞭其后者也[4]。"

仲尼曰："无入而藏[5]，无出而阳[6]，柴立其中央[7]。三者若得，其名必极[8]。夫畏涂者[9]，十杀一人，则父子兄弟相戒也，必盛卒徒而后敢出焉[10]，不亦知乎！人之所取畏者[11]，衽席之上[12]，饮食之间，而不知为之戒者，过也！"

【注释】

〔1〕共利：争利。

〔2〕高门：富贵之家。县：通“悬”。薄：通“簿”。县薄：垂帘，指贫寒之家。

〔3〕养其内：修心养性。外：形体。

〔4〕不鞭其后：指行为偏颇，不能取长补短。

〔5〕无入而藏：不要深深地隐藏起来。

〔6〕阳：外露。

〔7〕柴立：像木头一样站立，表示无心。

〔8〕其名必极：必然获得最高的称号。

〔9〕畏涂：害怕路途不平安。

〔10〕盛卒徒：成群结伙。

〔11〕取畏：自取危险的事。

〔12〕衽（rèn）席之上：指色欲之事。

【译文】

田开子见到周威公。威公说：“我听说祝肾在学习养生之道。你常和他在一起，听到过什么吗？”

田开子说：“我不过是拿着扫帚替先生打扫门庭，能从先生那儿听到什么呢！”

威公说：“你不要推辞，我很想听听。”

开子说：“听先生说：‘善于养生的，就像牧羊一样，看见落后就用鞭子抽。’”

威公说：“这是什么意思？”

田开子说：“鲁国有一个名叫单豹的人隐居于山岩，饮用泉水，不与人争利，年已70岁而容颜还像婴儿一般，不幸遇虎，被饿虎吞食。有一个名叫张毅的，走东家串西家，四处钻营，年仅40岁却得内热病而死。单豹修心养性却被老虎吃掉了形体，张毅保养形体却被疾病攻入了体内。这两个人，都是行为偏颇而不能调和折中。”

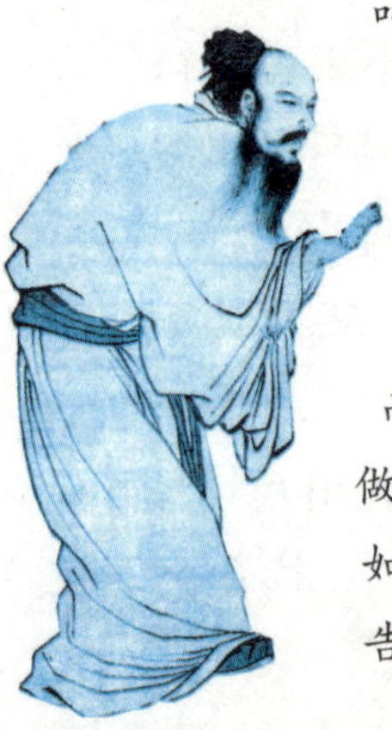

孔子说：“不要隐藏得太深，也不要过于外露，而应该像木头一样中立于动静之间。这三者如果都能做到，必然获得最高的称号。担心旅途不安全的人，假如途中发生10人中有1人被害的事就会父子兄弟互相告诫，必定成群结伙才敢上路，真聪明啊！人们自取危险的，是在枕席之上，饮食之间，而人们却不知道对此戒备，这是过错啊！”

【原文】

祝宗人玄端以临牢筴[1]，说彘曰：“汝奚恶死？吾将三月犧汝[2]，十日戒，三日齐，藉白茅[3]，加汝肩尻乎雕俎之上，则汝为之乎？”为彘谋，曰不如食以糠糟而错之牢筴之中[4]；自为谋，则苟生有轩冕之尊，死得于腞楯之上、聚偻之中则为之[5]。为彘谋则去之，自为谋则取之，所异彘者何也？

【注释】

〔1〕玄端：一种祭祀时穿的服饰。临：靠近。牢筴：猪栏。
〔2〕犧（huàn）：养。
〔3〕藉白茅：用白茅当垫子，以表示洁净。
〔4〕错：放。
〔5〕腞楯（dùn shǔn）：有画饰的柩车。聚偻：装饰华丽的棺椁。

【译文】

掌管祭祀的祝人和宗人身穿祭服走近猪栏，对猪说：“你为什么怕死？我要好好喂养你3个月，戒食10天，斋戒3天，铺上白茅草，把你的肩肘和后腿放置在雕饰的祭器上，你愿意吗？”与其为猪打算，倒不如用糟糠让它存活于猪栏中；为自己打算，只要希望生前高官厚禄，死后隆重厚葬就满意了。为猪打算就让它放弃享受祭祀之礼的死，替自己打算就追求虚荣之死，这和猪有什么区别！

【原文】

桓公田于泽，管仲御，见鬼焉。公抚管仲之手曰：“仲父何见？”

对曰：“臣无所见。”

公反，诶诒为病[1]，数日不出。齐士有皇子告敖者曰：“公则自伤，鬼恶能伤公！夫忿滀之气[2]，散而不反，则为不足；上而不下，则使人善怒；下而不上，则使人善忘；不上不下，中身当心，则为病。”

桓公曰：“然则有鬼乎？”曰：“有。沈有履[3]，灶有髻[4]。户内之烦壤[5]，雷霆处之[6]；东北方之下者，倍阿鲑蠪跃之[7]；西北方之下者，则泆阳处之[8]。水有罔象[9]，丘有峷[10]，山有夔，野有彷徨[11]，泽有委蛇。”

公曰：“请问委蛇之状何如？”

皇子曰：“委蛇，其大如毂，其长如辕，紫衣而朱冠。其为物也，恶闻雷车之声，则捧其首而立。见之者殆乎霸。”

桓公辴然而笑曰[12]：“此寡人之所见者也。”于是正衣冠与之坐，不终日而不知病之去也。

【注释】

〔1〕诶诒（ēi yí）：受惊之貌。

〔2〕忿滀（xù）：郁结。

〔3〕沈：污水积聚之处。履：鬼名。

〔4〕髻（jì）：灶神。

〔5〕烦壤：尘土积聚之处。

〔6〕雷霆：鬼名。

〔7〕倍阿鲑蠪（wā lóng）：鬼名。

〔8〕泆（yì）阳：神名。

〔9〕罔象：水神名。

〔10〕峷（shēn）：怪兽。

〔11〕彷徨：怪兽，状如蛇，双头。

〔12〕辴（chǎn）然：欢笑的样子。

【译文】

齐桓公在沼泽地打猎，管仲驾车，见到了鬼。桓公握住管仲的手说：“仲父您看见了什么？”管仲回答说：“我什么也没有看见。”

齐桓公返回宫中，惊吓成病，几天闭门不出。齐国有位贤士皇子告敖说：“您这是自己忧伤，鬼怎么能伤害您呢！郁结之气，扩散而不能收敛回复，就精气不足；集中于身体上部而不能下通，就使人容易发怒；集中于身体下部而不能上达，就使人容易健忘；不上达也不下通，聚积于身体中部，就要致病。”

桓公说："那么有鬼吗？"皇子说："有。积水处有名叫履的鬼，灶台有名叫髻的鬼。屋内尘土积聚之处，有名叫雷霆的鬼；东北方的下面，有名叫倍阿鲑蠪的鬼在跳跃；西北方的下面，有名叫泆阳的鬼。水中有罔象，丘陵有峷神，山里有夔，野地有彷徨，沼泽有委蛇。"

管　仲

桓公问："委蛇是什么样子？"

皇子说："委蛇的形状，大如车轴，长如车辕，穿紫衣戴红冠。这种鬼，害怕听雷车的声音，听到就捧着头站立。看到它的人将会称霸。"

桓公大笑着说："那就是我所见到的东西。"于是整好衣冠与皇子相坐，不到一天病就不知不觉地好了。

【原文】

纪渻子为王养斗鸡[1]。十日而问："鸡已乎[2]？"曰："未也。方虚憍而恃气[3]。"十日又问，曰："未也，犹应向景。"十日又问，曰："未也，犹疾视而盛气。"十日又问，曰："几矣。鸡虽有鸣者，已无变矣。望之似木鸡矣，其德全矣，异鸡无敢应者，反走矣。"

【注释】

〔1〕纪渻（shěng）子：人名，事迹不详。王：指周宣王。

〔2〕已：可以。

〔3〕憍：通"骄"。

【译文】

纪渻子给周宣王养斗鸡。过了十天周宣王问："鸡可以斗了吗？"纪渻子回答说："不行，性情骄横，自恃意气。"十天后又问，回答说："不行，听到别的鸡叫或见到别的鸡的影子还有反应。"十天后又问，回答说："不行，还怒视而好斗。"十天后又问，回答说："可以了。虽然听到别的鸡叫，却毫无反应，看起来像只木鸡，静寂淡漠，德行已经完美，别的鸡不敢应战，见到它就扭头逃走。"

【原文】

孔子观于吕梁[1]，县水三十仞，流沫四十里，鼋鼍鱼鳖之所不能游也[2]。见一丈夫游之，以为有苦而欲死也，使弟子并流而拯之[3]。数百步而出，被发行歌而游于塘下[4]。

孔子从而问焉，曰："吾以子为鬼，察之则人也。请问，蹈水有道乎？"曰："亡，吾无道。吾始乎故，长乎性，成乎命。与齐俱入[5]，与汩偕出，从水之道而不为私焉。此吾所以蹈之也。"

孔子曰："何谓始乎故，长乎性，成乎命？"曰："吾生于陵而安于陵，故也；长于水而安于水，性也；不知吾所以然而然，命也。"

【注释】

〔1〕吕梁：水名。一说为山名。

〔2〕鼋（yuán）：鳖类中的一种，形体比一般鳖大。鼍（tuó）：鳄鱼的一种。

〔3〕并流：沿着水流。

〔4〕塘下：岸下。

〔5〕齐：通"脐"，水漩涸而下时，形似肚脐，故称。

【译文】

孔子观赏吕梁之山水，瀑布高悬几十丈，飞流溅沫40里，就连鱼鳖都无法游过。看见一男子游入激流，以为他有痛苦的事而想自杀，赶快叫弟子顺流去救他。那个男子没入水中数百步才浮出来，披发唱歌而游到岸边。

孔子走上前去问："我以为你是鬼，仔细察看才知道是人。请问，你游水有什么道术吗？"那人回答说："没有，我没有道术。我起始于故常，长大习而成性，成于顺其自然。与漩涡一起没入，与涌流同时浮出，顺着水势自然而出，这就是我的游水之道。"

孔子问："什么叫起始于故常，长大习而成性，成于顺其自然？"回答说："我生于陆地而安于陆地，这就是故地；成长于水边而安于水，这就是习性；我不知道为什么会这样，这就是顺其自然。"

【原文】

梓庆削木为鐻[1]，鐻成，见者惊犹鬼神。鲁侯见而问焉，曰："子何术以为焉？"

对曰："臣工人，何术之有！虽然，有一焉。臣将为鐻，未尝敢以耗气也，必齐以静心。齐三日，而不敢怀庆赏爵禄；齐五日，不敢怀非誉巧拙；齐七日，辄然忘吾有四枝形体也[2]。当是时也，无公朝，其巧专而外骨消；然后入山林，观天性；形躯至矣，然后成见鐻，然后加手焉[3]；不然则已。则以天合天，器之所以疑神者，其是与[4]！"

【注释】

〔1〕梓庆：工匠名。鐻（jù）：悬挂钟磬等乐器的木架子，雕刻有装饰图像。

〔2〕辄然：不动的样子。枝：通"肢"。

〔3〕加手：动手雕刻制作。

〔4〕其是与：恐怕就是这个原因吧！

【译文】

梓庆用木头制作鐻，做成后，看到的人惊叹为鬼斧神工。鲁侯看见后问："你是用什么道术做成的呢？"

梓庆回答说："我是个工匠，能有什么道术！不过，我还是有一点。我在做鐻之前，不敢损耗精气，必定斋戒以平心静气。斋戒 3 天，不敢怀有功名利禄之心；斋戒 5 天，不敢怀有是非善恶之心；斋戒 7 日，就达到了忘我的境界。在这个时候，眼里没有朝廷，专心于工艺技巧而排除了外界的干扰；然后进入山林，观察树木的天性；见到形态极其符合的材料，一个成形的鐻就呈现在眼前，然后动手雕制；如果不是这样，就放弃不做。这样心性与外界自然相合，乐器之所以被疑为神工，恐怕就是这个原因吧！"

【原文】

东野稷以御见庄公，进退中绳，左右旋中规。庄公以为文弗过也[1]，使之钩百而反[2]。

颜阖遇之[3]，入见曰："稷之马将败[4]。"公密而不应[5]。

少焉，果败而反。公曰：“子何以知之？”曰：“其马力竭矣，而犹求焉，故曰败。”

【注释】

〔1〕文：图画。

〔2〕钩：转圈。

〔3〕颜阖：鲁国贤人。

〔4〕败：垮。

〔5〕密：沉默。

【译文】

东野稷在鲁庄公面前显示驾驭马车的本领，进退往来像绳子一样笔直，左右旋转像规一样圆。庄公以为画图画也不过如此，让他转100圈后回来。

颜阖遇见了，进来对庄公说：“东野稷的马要垮。”庄公沉默不语。

过了一会儿，马果然垮掉了。庄公说：“你怎么知道马要垮呢？”

颜阖回答说：“马已经精疲力竭，但他还继续强迫马奔跑，所以必然要垮。”

【原文】

工倕旋而盖规矩[1]，指与物化而不以心稽[2]，故其灵台一而不桎[3]。忘足，履之适也；忘腰，带之适也；知忘是非，心之适也；不内变，不外从，事会之适也。始乎适而未尝不适者，忘适之适也。

【注释】

〔1〕旋：画圈。盖：超过。

〔2〕指与物化：手指动作随着所造的器物而变化。

〔3〕灵台：心。桎：通“窒”。

【译文】

工倕用手画圆赛过规矩，手指动作随着所造的器物而变化，根本不用思索，所以他的心性专一而通达。忘了脚，是因为鞋子舒适；忘了腰，是因为腰带舒适；忘了是非，是因为心灵安适；心神如一，不追随外物，遇事就可以顺心应手。本性安适而无所不适，就是忘了安适的安适。

【原文】

有孙休者[1]，踵门而诧子扁庆子曰[2]："休居乡不见谓不修[3]，临难不见谓不勇。然而田原不遇岁[4]，事君不遇世，宾于乡里[5]，逐于州部[6]，则胡罪乎天哉[7]？休恶遇此命也？"

扁子曰："子独不闻夫至人之自行邪？忘其肝胆，遗其耳目，芒然彷徨乎尘垢之外，逍遥乎无事之业[8]，是谓为而不恃，长而不宰[9]。今汝饰知以惊愚，修身以明汙[10]，昭昭乎若揭日月而行也[11]。汝得全而形躯，具而九窍，无中道夭于聋盲跛蹇而比于人数，亦幸矣，又何暇乎天之怨哉！子往矣！"

孙子出。扁子入，坐有间，仰天而叹。弟子问曰："先生何为叹乎？"

扁子曰："向者休来，吾告之以至人之德，吾恐其惊而遂至于惑也。"

弟子曰："不然。孙子之所言是邪，先生之所言非邪，非固不能惑是；孙子所言非邪，先生所言是邪，彼固惑而来矣，又奚罪焉！"

扁子曰："不然。昔者有鸟止于鲁郊，鲁君说之，为具太牢以飨之，奏《九韶》以乐之，鸟乃始忧悲眩视，不敢饮食。此之谓以己养养鸟也。若夫以鸟养养鸟者，宜栖之深林，浮之江湖，食之以委蛇，则安平陆而已矣。今休，款启寡闻之民也，吾告以至人之德，譬之若载鼷以车马[12]，乐鴳以钟鼓也，彼又奚能无惊乎哉！"

【注释】

〔1〕孙休：鲁国俗人。

〔2〕踵门：登门求见。诧：惊讶而问。子扁庆子：鲁国贤人。

〔3〕见：通“现”，显露，出名。

〔4〕田原：指耕作。

〔5〕宾：通“摈”，排斥，抛弃。
〔6〕州部：州邑。
〔7〕胡：何。
〔8〕无事：无为。
〔9〕宰：主宰。
〔10〕明汙：把污秽的东西揭露出来。
〔11〕昭昭乎：光明磊落的样子。
〔12〕鼷（xī）：小老鼠。

【译文】

有一个名叫孙休的人，登门求见子扁庆子，他惊讶地问：“我住在乡里没有名气可以说不好，遇到危难不站出来可以说不勇敢。但是种田遇不上好时岁，侍奉君主遇不上圣君明主，在乡里被人排斥，在州邑被人驱逐，我怎么得罪了天？竟然如此倒霉？”

扁子说：“你难道没有听说过至人的行为吗？忘记自身，不求聪明，超然于尘世之外，逍遥于清净无为，这就是虽然有所作为，但并不自恃，对事物有所助长，但并不以主宰者自居。现在你粉饰智慧以惊醒愚顽之人，修身以揭露黑暗，光明磊落就像举着日月行走。你能保全自己的躯体，九窍完整无缺，没有中途夭折残废而跻身于人的行列，已经够幸运的了，何须怨天忧人！你走开吧！”

孙休出去了。扁子进来，坐了一会儿，仰天而叹。弟子问：“先生为什么叹气？”

扁子说：“刚才孙休来，我告诉他至人的德行，我担心他过于震惊而变得更加迷惑。”

弟子说：“不对。如果孙休说的正确，先生说的错误，错误的当然就不能迷惑正确的；如果孙休说的错误，先生说的正确，他本来就是迷惑着前来，您又有什么过错呢！”

扁子说：“不对。从前有只鸟飞落在鲁国郊外，鲁君很喜欢它，奉上太牢祭品供它食用，演奏《九韶》之乐取悦于它，鸟看得眼花缭乱，内心忧愁悲惧，不敢饮食。这就叫作用养人的方法养鸟。用养鸟的方法养鸟，应该让它栖息于茂密的树林，浮游于江湖，从容啄食，放之于原野。刚才的孙休是个孤陋寡闻的人，我告诉他至人之德，就好比是让小老鼠坐马车，对小鸟敲钟击鼓使它高兴，他怎么能不感到震惊呢！”

【赏析】

本篇是“以义名篇”，取首二字为篇名。庄子认为，人之生死，是应时而生，应时而去。所以，他说：“生之来不能却，其去不能止。”因此，庄子要求世人注重“养生”。本文即是“养生之道”的杰作，与《养生主》的宗旨大体相同。作者认为，养生的关键在于全神。一是因为形体转瞬即灭，而精神却可以超然世外，与天地共其悠久；二是因为神全则无隙可乘，便不会为外物所伤。所以，本篇强调“纯气之守”，即以守气为“全神”的重要前提。但《养生主》则强调“缘督以为经”，即顺应申正至虚之道，循乎天理，依乎自然，通过“全神”而达到养生的目的。

首段是本文的总论，阐明的是“达生”、“达命”的道理，即要世人通晓“生之所以为生”的内涵，明达“命之所以为命”的缘由。人一旦通晓了“生”与“命”的真正含义，自然也就能够理解应该如何存身养生。在此，我们需要强调的是，“达生”、“达命”与孔子的“知命”有很大的不同。孔子将“知命”归于人生修养的另一个层次，更将其演变为立命，即要人通过自身的理性自觉和主观能动性去完成生命的价值。而庄子的“知命”相形之下却要本朴自然得多，也内在通透得多，它所体现的不仅是一种安宁、恬静的心理环境，更是一种极高的道德修养和性情修为。它要求人要“弃事”，忘我，无名，保养形体，凝聚精神，天人合一，顺应自然变化从而达到养生。因此，庄子用十三则寓言从不同角度，或明或暗地阐发养生必须“守气全神”的道理，并且更进一步指出，无论是养形抑或是养神，关键在于“纯气之守”，做到不劳神，不分心，心顺意畅，才会身心舒展安逸，达到一种“也无风雨也无晴”的境界。

然而，理想是美好的，现实却是残酷的。庄子之所以有这么高的境界，或者说是渴望达到这么高的境界，是因为他经历了乱世的多艰，体悟了那个特定时代中个人命运的脆弱与荒诞在极度沉寂的无奈之后，庄子才沉入到这种追求“喜怒哀乐不入于胸次”的状态之中的。然而，世间能做到像他那境界的又有几人？也许那一心向往“世外桃源”的陶渊明是懂庄子的，因此他写下了“问君何能尔？心远地自偏”的诗句，从中让我们感受到了他那种“采菊东篱下，悠然见南山”、将自我与自然完全融为一体的超凡境界。可真正沉在世事纷扰之中的今人们，谁又能做到不分神，不分心，斩七情、断六欲，让心灵放飞，让身体飘逸呢？这也许永远只能是一个美好的愿望吧！

外　物

【原文】

外物不可必[1]，故龙逢诛，比干戮，箕子狂，恶来死，桀、纣亡。人主莫不欲其臣之忠，而忠未必信，故伍员流于江，苌弘死于蜀，藏其血，三年而化为碧。人亲莫不欲其子之孝，而孝未必爱，故孝己忧而曾参悲[2]。木与木相摩则然，金与火相守则流[3]。阴阳错行，则天地大絯[4]，于是乎有雷有霆，水中有火[5]，乃焚大槐。有甚忧两陷而无所逃[6]，螴蜳不得成[7]，心若县于天地之间，慰暋沈屯[8]，利害相摩，生火甚多，众人焚和[9]，月固不胜火[10]，于是乎有僓然而道尽[11]。

箕　子

【注释】

〔1〕必：强求。

〔2〕孝己：殷高宗的儿子，因遭后母虐待忧闷而死。曾参悲：曾对父母十分孝顺，但常常遭父母毒打，所以经常悲泣。

〔3〕相守：放在一起。流：熔化。

〔4〕絯（gāi）：通“骇”，动乱。

〔5〕水中有火：指雨中闪电。

〔6〕两陷：内心阴阳错乱。

〔7〕螴蜳（chén dūn）：心神不定的样子。得成：一切得到成功。

〔8〕慰暋（mín）沈屯：苦闷沉郁。

〔9〕众人焚和：众人过于计较利害，致使心火升腾而失去调和。

〔10〕月：比喻人清静平明的本性。

〔11〕僓（tuí）然：败坏的样子。尽：丧失干净。

【译文】

外物不可强求，所以龙逢被杀，比干被害，箕子装疯，恶来丧命，桀、纣灭亡。君主都希望臣子忠心，但忠心未必被信任，所以伍员浮尸于江，苌弘身死于蜀，他的血藏了三年后化为碧玉。父母都希望儿子孝顺，但孝顺未必为父母所爱，所以孝已忧闷而死，曾参常常悲泣。木与木相摩擦则燃烧，金与火放在一起就熔化。阴阳错乱，则天地大震荡，于是就会有雷霆，下雨闪电，焚毁大树。忧虑过甚导致内心错乱而无法解脱，心神不定而一无所成，心就像悬吊在天地之间，苦闷沉郁，权衡利害，心火上升，众人过于计较利害致使心火升腾而失去调和，内心的清静平明之气不能克制火气，于是就会精神崩溃而道德丧失干净。

【原文】

庄周家贫，故往贷粟于监河侯〔1〕。监河侯曰："诺。我将得邑金〔2〕，将贷子三百金，可乎？"

庄周忿然作色曰〔3〕："周昨来，有中道而呼者，周顾视车辙中，有鲋鱼焉〔4〕。周问之曰：'鲋鱼来！子何为者邪？'对曰：'我，东海之波臣也〔5〕。君岂有斗升之水而活我哉？'周曰：'诺。我且南游吴越之王〔6〕，激西江之水而迎子，可乎？'鲋鱼忿然作色曰：'吾失我常与〔7〕，我无所处。吾得斗升之水然活耳，君乃言此，曾不如早索我于枯鱼之肆〔8〕！'"

【注释】

〔1〕贷：借。监河侯：监管河水的侯王，一说指魏文侯。

〔2〕邑金：封邑的租赋收入。

〔3〕忿（fèn）然：生气的样子。作色：变脸。

〔4〕鲋（fù）鱼：鲫鱼。

〔5〕波臣：水界的臣子，水官。

〔6〕游：游说。

〔7〕常与：时时同在一起的，这里指水。

〔8〕枯鱼之肆：卖鱼干的市场。

【译文】

庄子家境贫穷，去向监河侯借粮。监河侯说："好吧。我就要得到封邑的租赋，到时借给你300金，可以吗？"

庄子生气地说："我昨天来的时候，半路上听到有呼唤我的，回头一看，车辙中有一条鲫鱼。我问它：'鲫鱼！你在干什么呢？'它回答说：'我是东海的水官。你有斗升的水救我活命吗？'我说：'好吧。我将到南方去游说吴越之王，引西江的水来迎接你，可以吗？'鲫鱼气愤地说：'我失去了赖以生存的水，无处栖身。我只需要斗升的水就能够活命，而你却说出这样的话，那还不如趁早到卖鱼干的市场上去找我！'"

【原文】

任公子为大钩巨缁〔1〕，五十犗以为饵〔2〕，蹲乎会稽，投竿东海，旦旦而钓〔3〕，期年不得鱼。已而大鱼食之，牵巨钩，铭没而下骛〔4〕，扬而奋鬐〔5〕，白波若山，海水震荡，声侔鬼神〔6〕，惮赫千里〔7〕。任公子得若鱼，离而腊之〔8〕，自制河以东〔9〕，苍梧已北〔10〕，莫不厌若鱼者〔11〕。已而后世辁才讽说之徒〔12〕，皆惊而相告也。夫揭竿累〔13〕，趣灌渎〔14〕，守鲵鲋〔15〕，其于得大鱼难矣。饰小说以干县令〔16〕，其于大达亦远矣。是以未尝闻任氏之风俗，其不可与经于世亦远矣〔17〕。

【注释】

〔1〕任公子：任国的公子。缁：黑绳。
〔2〕犗（jiè）：阉割过的牛。
〔3〕旦旦：每天。
〔4〕铭（xiàn）：通"陷"。下骛（wù）：在水底乱跑。
〔5〕奋鬐（qí）：摆动鱼鳍。
〔6〕侔（móu）：类似。
〔7〕惮（dàn）赫：震惊。
〔8〕离：剖开。腊（xī）：晾干。
〔9〕制河：即浙江。
〔10〕苍梧：山名，一说为九嶷山。
〔11〕厌：饱食。
〔12〕辁（quán）才：粗浅的才能，小才。讽说：道听途说，传说。
〔13〕累：细绳。
〔14〕灌渎：小溪，小水沟。
〔15〕鲵鲋：小鱼。
〔16〕小说：低微的言论。
〔17〕经于世：经理世事。

【译文】

任公子用大钩和粗长的黑绳做了一套钓具，用 50 头牛做鱼饵，蹲在会稽山上，投竿于东海，天天守钓，一年都没有钓到鱼。一年后大鱼忽然吞食钓饵，牵动大钩，沉入水下四处游荡，扬头摆尾，激起白浪如山，海水震荡，声如鬼神，震惊千里。任公子得到这条鱼，剖开晾晒成鱼干，从浙江以东，苍梧以北，没有人不饱餐这条鱼的。后世才学疏浅的道听途说之徒，都惊奇地奔走相告。举着小竿细绳，驻足于小水沟旁，守候小鱼小虾，就不可能钓到大鱼。巧饰碎言细语以求高名，就不可能通达于道。因为他们不懂任公子不求急功近利的风尚，所以也就不可能经理世事。

【原文】

儒以《诗》《礼》发冢〔1〕。大儒胪传曰〔2〕：“东方作矣〔3〕，事之何若？”

小儒曰：“未解裙襦〔4〕，口中有珠。”“《诗》固有之曰：‘青青之麦，生于陵陂。生不布施〔5〕，死何含珠为？’接其鬓〔6〕，压其颎〔7〕，而以金椎控其颐〔8〕，徐别其颊〔9〕，无伤口中珠！”

【注释】

〔1〕发：挖开。冢（zhǒng）：墓葬。发冢：盗墓。

〔2〕胪（lú）传：传话。

〔3〕东方作：东方亮，太阳出来了。

〔4〕襦（rú）：短上衣。

〔5〕布施：施舍。

〔6〕接其鬓：揪着尸体的鬓发。

〔7〕颎（huì）：下巴的胡须，这里连指下巴。

〔8〕金椎：金属做的锤子。控：敲打。颐（yí）：面颊。

〔9〕徐别：慢慢地分开。

【译文】

儒生用《诗》《礼》盗掘坟墓。大儒传话说：“天亮了，事情怎么样了？”小儒说：“衣服还没有脱掉，嘴里含有珠玉。”大儒说：“《诗》中说：‘青青的麦苗，长在坡地上。生前不施舍人，死后为何含珠？’揪着尸体的鬓发，按着下巴，你用锤子敲开两腮，慢慢地分开两颊，不要伤了嘴里的珠玉！”

【原文】

老莱子之弟子出取薪[1]，遇仲尼，反以告，曰："有人于彼[2]，修上而趋下[3]，末偻而后耳[4]，视若营四海[5]，不知其谁氏之子。"

老莱子曰："是丘也，召而来。"

仲尼至。曰："丘！去汝躬矜与汝容知[6]，斯为君子矣。"

仲尼揖而退，蹙然改容而问曰[7]："业可得进乎？"

老莱子曰："夫不忍一世之伤而骜万世之患[8]，抑固窭邪[9]？亡其略弗及邪？惠以欢为骜，终身之丑，中民之行易进焉耳，相引以名，相结以隐。与其誉尧而非桀，不如两忘而闭其所誉。反无非伤也，动无非邪也。圣人踌躇以兴事，以每成功。奈何哉其载焉终矜尔！"

【注释】

〔1〕老莱子：楚国隐士。出取薪：出去打柴。

〔2〕于彼：在那里。

〔3〕修上而趋下：上身长而下身短。

〔4〕末偻：背曲。后耳：耳朵向后贴。

〔5〕营四海：经营天下。

〔6〕躬矜：行为矜持。

〔7〕蹙（cù）然：局促不安的样子。

〔8〕骜：通"傲"，轻视。

〔9〕窭（jù）：本指贫穷。这里指智力贫乏。

【译文】

老莱子的弟子出去打柴，遇见孔子，回来告诉老莱子说："有个人在那里，上身长而下身短，伸头曲背耳朵向后，神情好像是在经营天下，不知道他是谁。"

老莱子说："那是孔丘，召他来。"

孔子走进来。老莱子说："孔丘！抛弃你行为的矜持和容貌的机智，就可以成为君主。"

孔子作揖而后退，局促不安地问：“我的德业能够提高吗？”

老莱子说：“不忍心一代人的悲伤而轻视了万世的祸患，是固陋无知呢，还是智略不及呢？以施恩惠取悦于世为骄傲，这是终身的羞耻，是中等人的所作所为，以名声互相引进，以私利互相勾结。与其称赞尧而非议桀，不如将两者都忘记而抛弃那些称赞和非议。违反自然必有损害，坐立不安必生邪念。圣人从容随物以兴事，而常常成功。你为什么总是背着矜持自傲的包袱呢！”

【原文】

宋元君夜半而梦人被发窥阿门〔1〕，曰：“予自宰路之渊〔2〕，予为清江使河伯之所，渔者余且得予〔3〕。”

元君觉，使人占之〔4〕，曰：“此神龟也。”

君曰：“渔者有余且乎？”

左右曰：“有。”

君曰：“令余且会朝〔5〕。”

明日，余且朝。君曰：“渔何得？”

对曰：“且之网得白龟焉，其圆五尺。”

君曰：“献若之龟〔6〕。”

龟至，君再欲杀之，再欲活之，心疑，卜之，曰：“杀龟以卜吉。”乃刳龟，七十二钻而无遗策〔7〕。

仲尼曰：“神龟能见梦于元君〔8〕，而不能避余且之网；知能七十二钻而无遗策，不能避刳肠之患。如是，则知有所困，神有所不及也。虽有至知，万人谋之。鱼不畏网而畏鹈鹕〔9〕。去小知而大知明，去善而自善矣。婴儿生无石师而能言〔10〕，与能言者处也。”

【注释】

〔1〕宋元君：宋国国君。阿门：侧门。

〔2〕宰路：渊名。

〔3〕余且：渔夫名。

〔4〕占：占卜吉凶。

〔5〕会朝：朝见。

〔6〕若：你。

〔7〕无遗策（cè）：占算吉凶毫无遗失，十分应验。

〔8〕见（xiàn）梦：托梦。

〔9〕鹈鹕（tí hú）：水鸟名。

〔10〕石师：应为“硕师”，大师。

【译文】

宋元君半夜梦见有人披头散发在侧门窥视，说：“我从宰路深渊来，作为清江的使者到河伯那里去，渔夫余且捕获了我。”

宋元君醒来后，让人占卜，回报说：“这是一只神龟。”

宋元君问：“渔夫中有名叫余且的吗？”

身边的侍臣说：“有。”

宋元君说：“令余且前来朝见。”

第二天，余且来朝见。宋元君问：“你捕获到了什么？”

余且回答说：“我的鱼网捕获了一只白龟，直径有5尺。”

宋元君说：“把你的龟献上来。”

龟送到后，宋元君又想杀掉，又想放生，犹豫不决，就进行占卜，答案是：“杀龟占卜吉利。”于是杀了龟，用来占卜，占了72次，无不应验。

孔子说：“神龟能托梦给宋元君，却不能逃脱余且的鱼网；智慧能多次占卜而无不应验，却不能避免开肠破肚的祸患。由此看来，智慧有所局限，神灵也有所不及。虽然有最高的智慧，也要采用万众的谋略。鱼不知畏惧网而害怕鹈鹕。弃除小智则大智才明，去掉小善则大善自显。婴儿生来没有大师教就会说话，这是因为与会说话的人相处的缘故。”

【原文】

惠子谓庄子曰：“子言无用。”

庄子曰：“知无用而始可与言用矣。天地非不广且大也，人之所用容足耳。然则厕足而垫之致黄泉[1]，人尚有用乎！”

惠子曰：“无用。”

庄子曰：“然则无用之为用也亦明矣。”

【注释】

〔1〕厕：通“侧”，旁边，之外。垫：挖掘。致：至，达到。

【译文】

惠子对庄子说：“你的言论无用。”

庄子说：“知道了无用才可以和你谈论有用的问题。天地并非不广大，而人所用的只是容足之地罢了。然而如果把立足之外的地方都向下挖掘到黄泉，人所立足的这块小地方还有用吗？”

惠子说：“无用。”

庄子说：“那么，无用就是有用的道理也就很明白了。”

【原文】

庄子曰：“人有能游，且得不游乎！人而不能游，且得游乎！夫流遁之志〔1〕，决绝之行〔2〕，噫，其非至知厚德之任与〔3〕！覆坠而不反〔4〕，火驰而不顾，虽相与为君臣，时也，易世而无以相贱〔5〕。故曰，至人不留行焉〔6〕。

“夫尊古而卑今，学者之流也〔7〕。且以狶韦氏之流观今之世，夫孰能不波〔8〕！唯至人乃能游于世而不僻，顺人而不失己。彼教不学，承意不彼。

“目彻为明〔9〕，耳彻为聪，鼻彻为颤〔10〕，口彻为甘，心彻为知，知彻为德。凡道不欲壅〔11〕，壅则哽〔12〕，哽而不止则跈〔13〕，跈则众害生。物之有知者恃息〔14〕，其不殷〔15〕，非天之罪。天之穿之〔16〕，日夜无降〔17〕，人则顾塞其窦〔18〕。胞有重阆〔19〕，心有天游〔20〕。室无空虚，则妇姑勃豀〔21〕；心无天游，则六凿相攘〔22〕。大林丘山之善于人也，亦神者不胜。

“德溢乎名〔23〕，名溢乎暴〔24〕，谋稽乎誸〔25〕，知出乎争，柴生乎守〔26〕，官事果乎众宜〔27〕。春雨日时，草木怒生〔28〕，铫鎒于是乎始修〔29〕，草木之到植者过半而不知其然〔30〕。静然可以补病〔31〕，眦搣可以沐老[32]，宁可以止遽。虽然若是，劳者之务也，非佚者之所未尝过而问焉。圣人之所以骇天下[33]，神人未尝过而问焉；贤人所以骇世，圣人未尝过而问焉；君子所以骇国，贤人未尝过而问焉；小人所以合时[34]，君子未尝过而问焉。

“演门有亲死者[35]，以善毁爵为官师[36]，其党人毁而死者半[37]。尧与许由天下，许由逃之；汤与务光天下，务光怒之；纪他闻之，帅弟子而踆于窾水[38]，诸侯吊之，三年，申徒狄因以踣河[39]。荃者所以在鱼[40]，得鱼而忘荃；蹄者所以在兔[41]，得兔而忘蹄；言者所以在意，得意而忘言。吾安得夫忘言之人而与之言哉！”

【注释】

〔1〕流遁：流荡逐物。

〔2〕决绝：固执己见。

〔3〕厚德：品德高尚。任：用。

〔4〕覆坠：指遇到极大的挫折。

〔5〕易世：世代变易。

〔6〕留行：固执于自己的所作所为。

〔7〕流：习气，风尚。

〔8〕波：震动。

〔9〕彻：灵通。

〔10〕颤（shān）：通“膻”，善于辨别气味。

〔11〕壅（yōng）：堵塞。

〔12〕哽（gěng）：通“梗”，阻塞。

〔13〕跈（zhěn）：通“抮”，乖戾。

〔14〕息：气息，呼吸。

〔15〕殷：畅盛。

〔16〕穿：通。

〔17〕降：减。

〔18〕窦：孔窍。

〔19〕胞：胎胞。阆（làng）：空隙。

〔20〕天游：自然活动。

〔21〕妇姑：婆媳。勃谿（xī）：争吵。
〔22〕六凿：六窍。攘：排斥。
〔23〕溢：败坏。
〔24〕暴：显露。
〔25〕諴（xián）：急迫，紧急。
〔26〕柴：塞。
〔27〕果：成功。
〔28〕怒：猛。
〔29〕铫鎒（yáo nòu）：除草的农具。
〔30〕到植：倒生。
〔31〕静然：安静，静默。补病：养病。
〔32〕眦㨉（zì miè）：按摩。沐老：洗除老态，防止衰老。
〔33〕䝟（xiè）：通"骇"，惊动。
〔34〕合时：迎合时宜。
〔35〕演门：宋国城门名。
〔36〕毁：因悲伤而毁容。
〔37〕党人：乡里，邻居。
〔38〕踆（cūn）：通"蹲"。窾（kuǎn）水：水名。
〔39〕申徒狄：隐士。踣（fù）河：投河。
〔40〕荃（quán）：通"筌"，鱼笱，一种捕鱼的竹笼。
〔41〕蹄：一种捕兔的器具。

【译文】

庄子说："人若能游，怎么会不游呢！人若不能游，怎么会游呢！流荡逐物的心志，固执己见的行为，唉，这都不是至知厚德者的所为！遭到重挫而不反悔，急速奔驰而不回头，社会上虽然有君与臣的相对关系，但这是时势所造成的，世代一变君臣的关系也就变了。所以说，至人不固执于自己的所作所为。

"尊古而卑今，这是学者的风气。如果用狶韦氏时代的风气来观察衡量当今之世，谁能不感到震动！只有至人才能遨游于世而不偏僻，随顺人情而不丧失自己的本性。别人虽然教导我但我无心去学他，我表面上接受，但我

绝不会学成他那个样子。

“眼睛灵通是明，耳朵灵通是聪，鼻子灵通是膻，口舌灵通是甘，内心灵通是智，智慧灵通是德。凡是道就不能堵塞，堵塞就梗阻，梗阻不止就乖戾，乖戾就会产生种种危害。有生命的物类依靠呼吸，如果不畅盛，那不是天的罪过。天使人长了七窍，日夜一样的畅通，人们却自己堵塞了孔窍。胞胎都有空隙的地方，心灵也有自然活动的地方。住房如果不够宽畅，那么婆媳之间就会争吵；心灵如果没有自然活动的地方，六窍就会互相排斥。森林高山之所以使人心旷神怡，也是因为广阔无比的缘故。

“道德的败坏在于追求名声，名声的败坏在于过分显露自己，计谋产生于急迫，智慧产生于争夺，滞塞产生于固执，行政事务的成功在于适应民众。春雨及时降下，草木怒生，于是修好了农具除草整地，然而草木大半却又再生，但不知道其中的原因。安静可以养病，按摩可以防止衰老，宁静可以平息急躁。虽然如此，这还是劳碌的人所做的事，闲逸的人是不过问的。圣人惊扰天下，神人不去过问；贤人惊扰世间，圣人不去过问；君子惊扰国家，贤人不去过问；小人迎合时宜，君子不去过问。

“演门有个死了双亲的人，因为善于悲哀毁容而被封为官师，他邻里的人却因为效法他悲哀毁容而死了大半。尧要把天下让给许由，许由逃避；汤要让位给务光，务光大怒；纪他听到后，带领众弟子蹲在窾水边准备跳河，诸侯都去慰问他，三年后，申徒狄因此跳河而死。筌是用来捕鱼的，捕到鱼就忘了筌；蹄是用来捕兔的，捕到兔就忘了蹄；言论是用来表达意思的，掌握了意思就忘了言论。我怎么能够遇到忘记言论的人而和他谈论呢！”

【赏析】

本篇的题目由首句“外物不可必”而来，就是说“凡是身外的事物，其利害都是没有定准的”，即全文的主旨。

世事纷乱反复，难以预测，但以世间理势来说，“为善必然致福，为恶必然蒙祸”。贤智虽然可恃，但结局往往会出人意料。这样例子数不胜数，如龙逢、比干因正直而招致诛戮之祸；伍员、苌弘因忠诚却蒙受流死之辱；

孝己、曾参因孝顺而不免于悲忧之累；先圣作诗立礼以期天下教化，却被儒者窃做盗墓之具；神龟托梦以求脱祸全身反而遭受刳肠之祸，等等。可见，修身立命固然是高尚之举，却也成为诋毁的对象，富贵权势虽能令人得意于一时，却也难保永无灾祸，一切的身外之物，死生贵贱，祸福荣辱，都是没有定数的。但世俗之人却不懂得这个道理，一味曲求妄想，以致利害交攻，焦火内炽，终究逃脱不了残生伤性的可悲下场！于是，迫得庄子不得不发出“外物不可必”的沉重慨叹来。

世间万物从被创造的第一天起就注定了是相对的，有利必有害，有得必有失，有生必有死，有喜必有忧。于是世人在这利害得失、生死喜忧之中恐惧万分而又焦躁不安，以致越陷越深。其实，以人类的智慧，对于外物既是无法窥测，也是无法掌控的，一旦想窥测、掌控他们，反而会招致更多的祸患。既然如此，人又何必还要执着于外物而不愿反顾、沉溺于世事而不知悔悟呢？还不如索性忘却外物，甚至忘却己身，纯任自然的存在呢！

最后，庄子说万事万物虽皆相对，但却还是有一个绝对的存在，那就是道。无论外物如何变化莫测，只要能体道顺物，淡漠无为，就可以摆脱外物的束缚与干扰，真正获得最大的精神自由。在这一点上，儒家与其有相似之处，同样宣扬“生死有命，富贵在天”，但是儒家认为“为仁由己”，贤与不肖在于自己的勉力与否，这与庄子所追求的逍遥境界相比，显然还是差了那么一点。